Amap Software Co., Ltd.
Amap Traffic Meta Analysis System:
Part 2

城市交通"评诊治"
智能决策SaaS系统及应用

（第二卷）

董振宁　主编

人民交通出版社股份有限公司
北京

内 容 提 要

本书是对高德地图智慧交通大数据分析团队开发的"城市交通'评诊治'智能决策 SaaS 系统"的综述。该系统充分利用多种动、静态互联网交通大数据,基于沉淀多年的专业治堵经验,构建城市交通"评诊治"知识图谱,基于人工智能(AI)、云计算、基于位置的服务(LBS)、地理信息系统(GIS)、数据可视化等多种专业技术融合研发而成,面向交通管理、咨询、规划等整个交通运输行业,提供可落地、具有智慧决策支持能力的专业治堵系统,帮助用户全方位认知城市、区域道路基础设施,以及交通运行状况和交通拥堵时空规律,提供从交通拥堵评价、诊断到治理的全套数据解决方案,并重点阐述了该系统在交通运输管理领域的应用实践。

本书适合交通运输行业管理人员、公安交管人员以及城市交通规划设计人员等相关从业者阅读,也可供感兴趣的读者参考。

图书在版编目(CIP)数据

高德地图城市交通"评诊治"智能决策 SaaS 系统及应用. 第二卷 / 董振宁主编. — 北京:人民交通出版社股份有限公司,2024.2
ISBN 978-7-114-19226-5

Ⅰ.①高… Ⅱ.①董… Ⅲ.①城市交通系统—智能系统—研究 Ⅳ.①U491.2

中国国家版本馆 CIP 数据核字(2024)第 016134 号
审图号:粤图审字(2024)第 0078 号

Gaode Ditu Chengshi Jiaotong "Ping-Zhen-Zhi" Zhineng Juece SaaS Xitong ji Yingyong (Di-er Juan)

书 名:	高德地图城市交通"评诊治"智能决策 SaaS 系统及应用(第二卷)
著 作 者:	董振宁
责任编辑:	屈闻聪
责任校对:	孙国靖　宋佳时
责任印制:	刘高彤
出版发行:	人民交通出版社股份有限公司
地　　址:	(100011)北京市朝阳区安定门外外馆斜街 3 号
网　　址:	http://www.ccpcl.com.cn
销售电话:	(010)59757973
总 经 销:	人民交通出版社股份有限公司发行部
经　　销:	各地新华书店
印　　刷:	北京印匠彩色印刷有限公司
开　　本:	787×1092　1/16
印　　张:	11.25
字　　数:	218 千
版　　次:	2024 年 2 月　第 1 版
印　　次:	2024 年 2 月　第 1 次印刷
书　　号:	ISBN 978-7-114-19226-5
定　　价:	98.00 元

(有印刷、装订质量问题的图书,由本公司负责调换)

《高德地图城市交通"评诊治"智能决策 SaaS 系统及应用（第二卷）》

编委会

主　任

董振宁

副主任

王宇静　苏岳龙　雷　宇

委　员

杨　玉	任清梅	张有胜	林云青	张青芳	陈婕妤	李　屹
周昊强	孙宝明	房一多	包瑗珲	杨净柳	杨鸿皓	李新辉
李　彬	罗玉军	李博新	姜　涵	王梦迪	金　鑫	陈张婷

协作单位委员会成员

许亚琛	张晓惠	叶　伟	周捍东	王　勇	邓曼婷	蔡校育
李敬鹏	高慧怡	张　波	黄　凯	徐玉凤	程　承	白　宇
		张　毅				

卷首语
PRELUDE

董振宁
高德地图副总裁

  作为出行领域的领先企业，高德地图的愿景是"促科技创新、与生态共赢，链接真实世界做好一张活地图，让出行和生活更美好"。基于高德地图多年数字化技术的创新积累和优质的数据服务能力，我们向业界贡献优秀的出行治理解决方案，从而不断提升公众的出行效率和安全水平。同时，作为公众出行平台，高德地图业务涵盖了各类出行方式，如驾车、打车、公交、地铁、骑行、步行等，通过政企合作模式，来积极引导、激励用户日常低碳出行。我们有义务持续改善城市交通环境，促进绿色出行与可持续交通发展，助力我国实现"双碳"目标，为社会和全人类的可持续发展作出贡献。

  在此，感谢高德地图大云图智慧交通团队、人民交通出版社股份有限公司等的支持与帮助。进入 5G 时代，高德地图也在加快布局更先进的数据治理服务，力争全面提升服务能力和应用价值，创造出更多新的应用场景。

序 一
PREFACE I

交通运输是国民经济中的基础性、先导性产业，是社会运行中的支撑性、服务性行业，交通现代化是中国式现代化的重要标志，在构建新发展格局中具有重要地位和作用。在城市层面，交通治理是城市治理的关键领域之一，相关资料显示，交通拥堵产生的成本可达城市地区生产总值的5%左右甚至更高。除了经济成本，交通拥堵产生的污染物排放影响城市生态环境，时间浪费影响市民的幸福指数，也降低社会运行效率，负面效应涉及城市生活的方方面面。因此，交通问题是一个关乎城市运行效率、关乎城市竞争力、关乎高质量发展的重要问题。

党和国家十分重视交通领域的发展，重视交通拥堵问题的解决。中共中央、国务院2019年印发的《交通强国建设纲要》明确指出，建设交通强国是建设现代化经济体系的先行领域，是全面建成社会主义现代化强国的重要支撑。因此，创新发展交通技术，研究解决交通拥堵问题，既是国家现实需求，也是国家发展战略，具有现实的应用价值和发展的战略意义。

由于交通拥堵问题的极端重要性，在近年来的智慧城市探索中，智慧交通成为百舸争流的热门研究领域，参与者已经远远超出传统的交通行业专家和企业，形成了一个多学科交叉融合、多行业同台竞技，精彩纷呈、成果迭出的活跃局面。高德地图长期致力于交通现代化探索，已经成为百姓出行的首选导航平台，月活跃用户超过7.5亿，为优化城市交通状况、改善百姓出行体验、构建绿色低碳交通体系作出了重要贡献。近年来，高德地图进一步拓展服务和研究领域，从末端的出行导航到源头的交通流治理，探索全链条交通技术体系，取得显著进展。基于高德导航时空大数据，运用智能分析技术，研发"城市交通'评诊治'智能决策SaaS系统"，形成城市道路交通"综合评价、诊断、治理后评估"的闭环数智化产品，辅助提升道路交通精细化、精准化、高效化的综合治理，成果在相关城市落地应用，在交通规划、路网工程建设、交通运输管理等方面发挥了作用，验证了技术的先进性和成果的适用性。

本书系统介绍了城市交通"评诊治"智能决策SaaS系统的设计思想、技术方法、系统结构、工程应用和实际案例，逻辑清晰，结构完整，文字通俗易懂，不仅适合城市交通领域的专家参考，对智慧城市和城市治理相关领域的理论研究、技术研发、工程应用和行政管理等各类人员也有参考价值。

智慧交通内涵丰富，体系复杂，技术"硬核"，高德地图团队以及大量理论研究者、工程技术人员和行政管理人员均做出了巨大努力，取得了重要成果，但加快建设交通强国任重道远，仍须奋进。相信本书的公开出版发行能为我国交通现代化、数智化发展贡献智慧，引发更多的思考和探索，推动更多的投入和实践，取得更大的发展和进步。

深圳大学教授，智慧城市研究院院长
2023年10月1日于荔园

序 二
PREFACE II

伴随着人类社会的快速城镇化发展，交通机动化进程也不断加快，受限于资源约束的交通设施供给已难以满足人们无限增长的交通需求，交通拥堵、能源消耗、环境污染、事故和低效能等交通问题已成为人类可持续发展的重大挑战之一，"交通病"已成为现代"城市病"的主要病症。2023年5月10日，习近平总书记在考察河北雄安新区的城际铁路车站及国贸中心项目建设现场时指出，交通是现代城市的血脉，血脉畅通，城市才能健康发展[①]。因此，如何精准医治交通病已成为我国城市高质量发展的重大课题之一。

近年来，高德地图充分利用其自有的脱敏驾驶导航数据、位置服务数据、基础地图数据，以及实时公交数据等多种动静态互联网交通大数据，针对以往的交通对策与治理手段系统化水平低、问题分析困难、决策严重缺乏数据支撑且过于依赖人工经验、难以即时检验和评价交通改善措施效果、交通问题难解等系列问题，基于"发现交通病灶＋找准病因＋对症提供对策＋治理效果评价"的闭环思想，依托行业沉淀多年的专业治理能力构建的交通"评诊治"知识图谱，融合位置服务（LBS）、地理信息系统（GIS）、数据可视化和人工智能（AI）及云计算等多种专业技术，研发了高德地图"评诊治"智能决策 SaaS 系统（简称"评诊治系统"），服务于城市交通综合治理。

高德地图在已出版的《高德地图城市交通"评诊治"智能决策 SaaS 系统及应用》的基础上，总结近年来的新成果出版本书。本书系统地分享了评诊治系统落地于广东省惠州市，全面辅助惠州市交通运输局实施交通综合治理的实用方法和关键技术及相关成果，特别是赋能城市交通规划、路网工程建设、交通运输管理等的优秀成果，从城市交通运行跟踪监测、公交线网优化、公交优先、跨城接驳、大桥分流监测、停车服务水平提升等方面，通过交通"治理前"的城市出行综合问诊找准交通病因，到"治理中"锁定交通病灶给出靶向治疗建议，再到"治理后"效果跟踪评价，提供了城市交通"评诊治"闭环的大数据智慧化服务。

《易经》中提到："天地交而万物通也。"交通被认为是"人类为了生存、生产、生活与发展

---

① 出自《习近平在河北雄安新区考察并主持召开高标准高质量推进雄安新区建设座谈会时强调坚定信心保持定力稳扎稳打善作善成推动雄安新区建设不断取得新进展》，《人民日报》，2023年05月11日01版。

而产生的人和物移动世界的交（连接）与通达"。所以，城市交通系统是一个极其复杂的巨系统。该系统广泛地涉及七个基本要素：①移动主体——人和物；②交通工具——非机动车、机动车和地铁等；③交通设施——道路、轨道、场站、停车场库等；④通行环境——物理环境、生态环境、心理环境等；⑤交通资源——土地空间与通行时间资源、能源等；⑥通行规则——交通法规与政策；⑦交互信息——服务信息、管理信息等。进一步由八张基础网络将基本要素连接起来形成复杂的城市交通系统：①需求网——连接因经济、社会、游憩等活动而产生的人和物移动需求的起终点而形成的网络；②运输网——步行、骑行、机动车运输和轨道运输等形成的网络；③设施网——道路设施、公交场站设施、轨道设施、停车设施等形成的网络；④能源网——加油站、充电设施等形成的网络；⑤服务网——伴随着人和物移动全过程的安全、便利和舒适性相关服务形成的网络；⑥管控网——调节交通供需关系、应对突发事件等管控体系形成的网络；⑦治理网——交通相关联的行政体系、政策与决策等形成的网络；⑧信息网——交通感知信息、通信信息等相关信息形成的网络。

城市交通系统的要素及其网络的任何不协调与不耦合必将导致"城市交通病"。因此，其治理必须首先由城市交通相关行政体系，即国土资源、交通运输、住建、公安交管、城管等部门高度协作，并建立起高度一体化的综合治理行政机制。然后，亟须基于大数据开展高度专业化、科学化的城市交通评价与问题诊断，进而提出智能决策方案。我国国土资源部、住房和城乡建设部先后推进了城市体检工作，但高度动态的城市交通体检却未能得到充分实现。因此，本书的出版必将进一步推进城市交通体检工作，促使城市交通"评诊治"精细度与精准度不断提升，推动城市交通管理数据化、信息化、智能化和高效化发展，并可为公安交管部门、交通运输局等交通主管部门提供靶向对策和改善交通措施，也能为城市交通相关领域广大工作者提供宝贵的借鉴和技术支撑。相信在我国交通行业同仁们的不懈努力下，城市交通治理新科技方兴未艾，与城市发展随行的"交通病"必将得到科学有效的治理，一个便捷顺畅、经济高效、绿色集约、智能先进、安全可靠的交通运输系统亦将得到实现。

受邀为《高德地图城市交通"评诊治"智能决策 SaaS 系统及应用（第二卷）》作序深感荣幸。相信本书的出版，不仅可为我国城市交通治理决策提供技术支撑和应用案例，还将开拓我国城市交通大数据及交通领域人工智能技术的研究与应用范围，并为新时期交通学科建设与发展提供宝贵的助益。

杨晓光

同济大学教授、智能交通运输系统（ITS）研究中心主任
2023 年 10 月 1 日于同济园

序 三
PREFACE III

城市交通问题一直是全球城市面临的共同挑战，它直接影响着人们的日常生活和城市的可持续发展。通过科技创新推动城市交通治理已经成为普遍共识。随着大数据技术飞速发展，将数据价值应用于拥堵治理是近年来专家学者研究的热点，政府相关部门也进行了积极的探索实践。例如通过海量精细化、高质量的互联网交通数据能够实时获取路网交通状态、快速监测道路突发事件、优化公交线网等，为城市交通精细化管理和科学决策提供了坚实的数据支撑。

高德地图是国内时空大数据地图服务提供商，拥有海量的兴趣点（POI）信息、近900万km道路信息、实时路况信息、道路安全风控信息等，"高德地图"App月活跃用户数量在交通出行行业处于领先地位，因此，我对《高德地图城市交通"评诊治"智能决策SaaS系统及应用（第二卷）》一书的出版非常期待，我相信这本书蕴含了高德地图在智能交通领域的多年积累，也是其互联网数据服务能力的卓越展示。书中介绍了"评诊治"智能决策系统的技术能力和优势，其独特之处是能够提供一站式的数据平台服务，贯穿了交通治理的前、中、后全链路，不仅能够在治理前对城市交通问题进行全面诊断，还能够在治理中提供精准的建议，以及在治理后对效果进行跟踪监测评估，为城市交通治理提供闭环的交通大数据智慧化服务。本书介绍了智能决策系统在惠州市和西安市全面应用的案例，分享了高德地图与各地交通管理部门的成功合作经验。高德地图通过数字化治理的新理念和新方法，为城市交通管理部门在交通规划、路网工程建设、交通运输管理和行政执法等方面开拓了数字便民服务新模式。其他城市可以借鉴这些宝贵的经验，有效应对城市交通治理面临的挑战，提升城市治理能力和人民群众幸福感。

我相信本书将为城市交通治理领域的相关部门和专业人士提供宝贵的经验借鉴，为共同建设更宜居、便利和智慧、绿色的城市交通提供有力的支持。

最后，祝愿本书取得巨大的成功！

清华大学奔驰可持续交通研究院院长
2023年10月1日于清华园

前 言
FOREWORD

　　交通拥堵问题这一"城市病"是世界各国面临的共同挑战，各国政府正积极利用现代化的技术手段，收集数据驱动数字化模式创新变革，寻求可提效增智的城市交通治理解决方案，来有效提升交通通行能力，使全民的出行更加便利、畅通、安全。

　　从2020年至今，高德地图基于交通、人地时空数据研发"城市交通'评诊治'智能决策SaaS系统"（简称"评诊治系统"），通过运用大数据、云计算、机器学习等新技术，建立对城市道路交通综合评价、诊断、治理、后评估的全闭环数智化产品能力，辅助提升道路交通精细化、精准化、高效化水平的综合治理能力。该产品在全国各地均有实际的应用案例，我们从中挑选典型案例分享出来，为交通治理提供参考。自2021年以来，该产品落地惠州市，辅助惠州市交通运输局为惠州市交通综合治理提供全面服务，重点围绕城市交通规划、路网工程建设、交通运输管理、行政执法等方面打造数字便民服务新模式，典型案例包括城市交通运行跟踪监测、公交线网优化、公交优先、跨城接驳、大桥分流监测、治理场站车辆违停、辅助提升智慧停车楼服务水平等众多城市便民惠民、交通综合治理的疑难场景，助力交通管理工作的科学化、实战化、创新化水平进一步提高。整个数据平台服务贯穿交通治理场景的前、中、后全链路，提供一站式服务，通过在治理前对城市出行综合问诊，找准病因，避免大海捞针；在治理中锁定问题病灶，给出靶向治疗建议；在治理后对治理效果进行跟踪监控评价，提供"评诊治"闭环的数据智慧化服务，见下图。惠州市交通运输局利用数字化治理的新理念新方法，深入推进数字政府改革，并有效提升人民群众的"获得感"和"满意度"。2020年以来，评诊治系统在西安市交通信息中心开展实践应用，助力"西安市综合交通信息服务平台"项目建设和《西安市交通优化提升监测月报》的编制，并在"十四运"（中华人民共和国第十四届运动会）等重大活动期间的交通运输组织保障工作中发挥了重要作用。基于高德地图评诊治系统，对城市路网、公共交通、学校医院周边、高速公路以及暑期专栏等全市交通运行情况进行数据监测分析，完成从人工预测分析到数据监控的量化感知，助力城市交通管理者识别城市交通拥堵规律、公共交通运行规律等，为管理者全天候监测分析城市交通运行情况、提高城市综合交通出行效率、制定全方位治理方案提供数据参考。

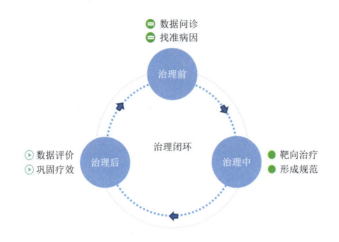

"互联网＋交通"综合治理新理念新方法

  高德地图不忘初心，把这些宝贵的成功经验沉淀而成的方法论形成案例集共享出来，希望为全国交通运输管理主管部门、交通咨询机构和科研院校提供经验借鉴，共同为中国城市交通综合治理分忧解难，为合力打造开放融合、共治共享、绿色智慧、文明守信的现代化交通体系而努力。

  由于高德地图产品及服务版本升级、调整或其他原因，线上产品有可能变更或存在与本书内容信息不一致现象，还请及时关注更新。评诊治系统中所使用的数据均为去隐私化处理后的脱敏数据，数据和数据使用方法符合《中华人民共和国数据安全法》《中华人民共和国个人信息保护法》等相关法律法规的要求。我们将实际应用且行之有效的实践经验分享出来，希望为城市智慧交通发展提供有益的方向和思路，期待与社会各界携手共建良好的交通创新生态，共同推动城市交通系统向更智能、更高效、更可持续的方向发展。如果您对本书有任何意见和建议，欢迎向 traffic-report@service.alibaba.com 发送邮件指正。在此，感谢高德地图大云图智慧交通团队、人民交通出版社股份有限公司等的支持和帮助。

作 者

2023 年 9 月 11 日

目 录
CONTENTS

第 1 章　高德地图互联网交通数据 001

　　1.1　人地关系数据优势 ·· 001
　　1.2　地信计算整合能力优势 ·· 002
　　1.3　交通治理业务闭环优势 ·· 002
　　1.4　与运营商手机信令数据的对比 ·· 002

第 2 章　城市交通"评诊治"智能决策系统 004

　　2.1　评诊治系统建设背景 ··· 004
　　2.2　评诊治系统内容 ··· 005
　　2.3　评诊治系统依据 ··· 007
　　2.4　评诊治系统产品介绍 ··· 007
　　2.5　评诊治系统架构 ··· 011
　　2.6　评诊治系统功能概况 ··· 019
　　2.7　评诊治系统指标定义 ··· 021
　　2.8　评诊治系统应用场景 ··· 028
　　2.9　评诊治系统服务城市 ··· 029

第 3 章　评诊治运营服务体系 031

　　3.1　高德地图评诊治系统运营服务能力 ·· 031
　　3.2　为惠州交通局量身打造的运营服务模式 ·· 033

第4章　交通评诊治系统应用案例　036

4.1　优秀应用案例合作伙伴　036
4.2　部分数据应用场景经验简介　036

第5章　惠州市交通运输局项目　040

5.1　交通规划　040
5.2　工程建设　083
5.3　运输管理　091

第6章　西安市交通信息中心项目　144

6.1　西安市交通优化提升监测月报　144
6.2　西安市综合交通信息服务平台　157
6.3　重大活动保障　159

参考文献　162

第 1 章

高德地图互联网交通数据

当前,随着我国城镇化、机动化的持续快速发展,城市交通拥堵加剧、污染严重、事故频发,面临严峻挑战。而传统交通调查方法难以获得充足的数据量化支撑,无法满足数字交通、智慧城市的高速发展需求,没有充分融入互联网时代的大环境。随着云计算、互联网、数据技术的创新,互联网导航与地图平台汇集了大量动态位置信息数据与人口迁徙定位数据,随着算法的增强、算力点提升,可利用数据分析技术对这些数据进行分析提炼和智能研判,获得一些潜在有价值的数据和信息,为交通规划、交通管理、交通基础设施建设、刑侦稽查等提供重要的线索和数据信息。

1.1 人地关系数据优势

根据 QuestMobile 发布的《2023 年春季中国移动互联网实力价值榜》中的数据,2023 年春季高德地图月平均活跃用户数达 7.5 亿,位列地图导航行业第一位,数据来源覆盖度高。高德地图交通数据是以高德地图 App 以及使用高德地图定位服务的客户端(包括淘宝、支付宝、饿了么、菜鸟、抖音、微博、今日头条等约 30 万款 App)等的定位数据为基础,对数据的日期、时刻、空间位置、地图附着物地理属性等进行聚类计算,并经脱敏处理后综合得出城市综合交通出行数据,包括但不限于:基础地图数据,基于位置的服务(Location Based Services,LBS)定位数据的人口迁徙、职住起讫点(Origin-Destination,OD)特征数据,驾车导航数据,公交线网相关数据等。且海量原始数据实时纠偏,人地数据实时更新,以保证数据服务实时、准确、稳定。

经过与成都、重庆第七次人口普查(简称"七普")数据对比,成都常住人口为 2093 万,而高德地图覆盖的居住在成都的有效用户超过 2000 万人,覆盖率超过 90%;重庆中心城区常住人口为 1034 万,高德地图覆盖 1160 万人,覆盖率超过 100%;而根据重庆发布的《重庆中心城区交通发展年度报告》中的数据，中心城区日均机动化出行量为1036万次，高德地图日均机动化出行量为1064万次，双方的数据非常接近。

1.2 地信计算整合能力优势

高德地图作为国内重要的时空数据地图服务提供商，在全国范围内拥有海量的兴趣点（Point of Interest，POI）信息、近900万km道路信息、实时路况信息、道路安全风控信息等，且拥有自主采集团队、App汇聚和众包采集相结合的多源数据采集手段和质量保障体系，确保数据更新及时、覆盖面广、准确性强。

以强大的地理信息数据为依托，融合国家或行业标准规范准则，融入高德导航路径规划服务、拥堵历史回溯服务、流量历史溯源服务、公交线网/站点查询等多种服务能力，能最大限度还原城市内外人口、车辆移动时空轨迹等出行特征，为交通特征诊断、问题溯源提供支持。

1.3 交通治理业务闭环优势

一是形成完善的交通行业生态圈。高德地图不断加强与城市交通规划与管理部门、科研机构、高校的沟通交流与合作，打造城市交通治理行业专家生态圈，总结各地交通问题成因及治理策略措施，形成评、诊、治知识图谱，并持续更新迭代。

二是具有强大的用户触达能力。在公众服务方面，交通管理部门所制定的拥堵治理措施、可对公众发布的出行服务信息，可借助高德地图8亿用户的强大渠道能力最大限度触及目标用户。高德地图免费进行基于位置的准确、及时的出行服务信息发布，服务公众平安高效出行，真正成为政府与市民的出行服务纽带、信息触达媒介。

1.4 与运营商手机信令数据的对比

移动通信运营商的手机信令数据样本量大、用户持有率高、覆盖范围广、实时性高、连续性强，尽管存在精细度中等、精准度中等、短距离出行识别困难等问题，但能满足宏观通勤特征分析、监测预警等交通场景需求。互联网交通数据具备精细度和精准度更高、可识别交通出行方式种类多、能支持更丰富的交通业务场景等优势，但由于数据产品投入市场时间短、各地业务应用案例相对较少，数据稳定性尚待持续验证和打磨。具体对比见表1-1。

高德地图数据与手机信令数据的对比　　　　　　　　　　　表 1-1

数据名称	手机信令数据	高德地图数据
数据来源	手机用户只要发生开关机、通话、短信、位置更新和切换基站行为，就会产生信令数据记录。通过手机用户在基站间信息交换来确定用户空间位置，能相对准确地记录人流的时空轨迹，进一步输出城市人口岗位、职住关联分布、通勤活动等特征	依托高德地图 App 以及使用高德地图定位服务的客户端（包括淘宝、支付宝、饿了么、菜鸟、抖音、微博、今日头条等约 30 万款 App）回传的定位数据，通过对数据的日期、时刻、空间位置、地图附着物地理属性（POI 信息）等进行聚类分析，综合得出城市人口居住地、工作地位置，以及通勤规律、出行方式、出行轨迹等特征
优势	大样本、用户持有率高、覆盖范围广、实时性高、连续性强	精细度高、实时性高、精准度高、交通方式识别种类多、精准路径还原
劣势	精细度中等、精准度中等、短距离出行识别困难、三家运营商去重难度大	无法实现全样本覆盖、轨迹连续性不足
样本量	大样本、用户持有率高：据工信部统计，我国手机覆盖率高达 113.9%，即人均拥有 1.14 部手机	中样本、用户持有率中上：数据由互联网地图服务商生成，十部手机九部有高德地图位置服务，且高于任何一家运营商，具有成本优势，但低于三家运营商合计结果
精细度	精细度中等：以深圳市移动数据为例，活跃基站数约为 16.8 万个，即 2.1 个/km²（深圳市面积按 1997.47km² 计算）。由于采集方式限制，精细度依赖于基站的分布密度，存在 500～1000m 的误差	精细度高：由于依托全球定位系统（GPS）、北斗卫星导航系统，定位精度达到 10 米级精度（非基站采集方式，覆盖范围以用户定位为准）
实时性	实时性和连续性高：以深圳市移动数据为例，5min 快照数据量达 16.8亿条/日，用户数达 1672万人，即每 5min 数据量达 100 条/人，能相对准确反映在连续时间区段内的不同时间点手机用户所在的空间位置，适用于定量描述区域内人群流动轨迹	实时性高：按分析场景、更新频率不同，最快能实现分钟级更新
连续性		连续性中等：采集机制依赖于用户触发，若用户不启用相应 App 调用地图服务，则无法连续获取定位数据
精准度	短距离出行识别困难：手机信令是通过将手机用户匹配到基站，在此基础上进行活动识别，因此，对于用户短距离出行（如 1km 以内的出行）容易造成误识别	高德地图互联网定位数据具有时间、速度、加速度、App 类型、地理信息、用户画像等多维度信息，能支持从宏观到微观的各类分析场景，对出行特征研判准确率高。 （1）交通方式识别种类多：目前能进行小汽车、公交、地铁、骑行、步行等出行方式的识别，更贴合交通业务需求。 （2）精准路径还原：高德地图基于网格拓扑，利用高德地图出行线路规划引擎和定位点特征，将网格之间的出行，分配到具体的线路和道路上。据此可以完整展现出行者从起点到终点的全链路过程，包括步行多远到达公交和地铁站点、选择什么线路、下车后是否继续换乘等。精细的数据，可以帮助公共交通管理者了解出行链路中间的短板，更精准地优化公共交通系统
通勤特征	覆盖广、识别准：城市内基站覆盖范围广、分布均匀，约 2.1 个/km²，通过建立职住模型、出行模型等，能够提供栅格间距为 500～1000m 的高精度的人口、岗位和通勤活动信息。以深圳市移动数据为例，常住人口、岗位识别结果分别为 1600万和 819万个，占"七普"中深圳 1756 万常住人口的 91%，能够满足交通应用场景中对通勤量、通勤时间/距离等指标特征的分析需求	由于位置特征可与所在建筑类型进行匹配分析，如居住地/工作地采用时间、工作日/非工作日和地理属性三者判断分析得出，即"工作地＝工作时间＋工作日＋地理位置为非住宅区"，尤其是地理位置，此为互联网地图独有的技术能力，能够精准锁定人地关系属性。以深圳总体情况为例，深圳"七普"得到的常住人口为 1756万，高德地图互联网定位数据统计得到的人口为 2157.8万，较"七普"数据多 22%，说明深圳实际管理人口比统计得到的常住人口多

第 2 章

城市交通"评诊治"智能决策系统

2.1 评诊治系统建设背景

　　随着我国城市社会经济的不断发展、人民生活水平日益提高、机动车保有量和驾驶人数量的快速增长，人们对安全、便捷、畅通、有序的交通环境的期待和要求也在与日俱增。但道路拥堵、公交不便、停车困难、事故频发、人车路矛盾不断加剧等交通问题，已经成为城市社会经济全面、协调、可持续发展和广大群众充分享受城市发展成果的重要制约因素和障碍。然而，传统交通综合治理主要依托大量人工排查，量化的数据依据获取困难且成本高，分析与决策效率低、周期长，总体效果不尽如人意。

　　在数字化新基建的大潮之下，智慧交通已逐步成为中国交通领域深化改革和顺应互联网发展的重要抓手。国家在交通运输新基建顶层设计中明确指出："先进信息技术深度赋能交通基础设施，精准感知、精确分析、精细管理和精心服务能力全面提升，成为加快建设交通强国的有力支撑。"交通作为我国基础设施建设中的重要一环，智慧化、全域联动、数据驱动已成为交通运输系统的创新发展新趋势。数字交通作为数字经济发展的重要领域，是以数据为关键要素和核心驱动，促进物理和虚拟空间的交通运输活动不断融合、交互作用的现代交通运输体系。以数据为关键要素，以现代互联网技术为重要依托，赋能交通运输及关联产业，推动模式、业态、产品、服务等联动创新，必将有助于提升出行和物流服务品质，推动交通运输领域治理能力现代化，让数字红利惠及全体民众。我们坚持致力于通过运用高德地图出行数据、云计算等领先技术，建立城市道路交通拥堵评价、问题诊断、治理方案、再评估的闭环研判决策系统，不断为我国交通问题的治理提供高效、便捷的数智化平台而努力。同时我们希望与全国各地管理单位深度合作，通过先进的数字化平台赋能交通综合治理能力来提升市民的获得感、幸福感、安全感，共同为市民创造更好的出行条件，确保城市交通运行安全、平稳、有序。

2.2 评诊治系统内容

随着云计算、互联网、数据技术的发展,互联网导航与地图平台收集了大量位置动态信息数据与定位数据,随着算法增强和算力提升,可利用数据分析技术对这些数据进行分析提炼,先从评价入手,对城市交通的基本状态进行全面扫描,再利用机器学习、知识图谱,并结合行业规范和专家经验对拥堵问题进行诊断,进而形成贴合实际的、有针对性的治理手段,形成拥堵治理的业务闭环,有效解决城市拥堵问题。互联网地图平台主要有以下几方面技术能力或优势:

一是人地关系数据。包括基础地图数据、LBS 定位数据服务、职住 OD 数据服务、驾车导航数据、公交线网相关数据,海量原始数据纠偏、人地数据实时更新,保证数据服务实时、准确、稳定。

二是地信计算能力整合。融合国家或行业标准规范准则,融入高德地图导航路径规划服务、拥堵历史回溯服务、流量历史溯源服务、公交线网/站点查询等多种服务能力。

基于以上问题与技术优势,构建、实施"新型的智慧交通管理"体系,这一技术体系的核心特征包括两个方面:主动化、精细化。主动化指的是,将以往被动适应的管理方式,转变为主动干预与引导式的管理方式,实现从静态管理到动态管理的变革。精细化指的是,将以往群体性特征、粗放式管控的方式,转变为基于个体差异特征的、精细化交通管理,实现从单一到多维,从单点优化到路网调度、车道管控的变革。

充分发挥数据价值、利用数据说话,是未来城市交通治理的必备能力,而城市交通数据咨询服务为城市交通精细化、精准化、科学化管理提供重要参考依据。利用互联网出行数据对城市或片区做全方位电子计算机断层扫描(Computed Tomography,CT)交通健康体检,构建"发现交通病灶 + 找准生病原因 + 对症下药 + 改善成效"的全链路闭环分析系统咨询服务,通过"评、诊、治"全方位为城市交通管理者提供量化参考依据,助力城市高效治堵。

基于此,高德地图依靠数据与行业生态,融合基础地图、LBS、云计算、地理信息系统(Geographic Information System,GIS)、可视化、人工智能(Artificial Intelligence,AI)等综合技术能力的串联,打造交通综合治理评诊治系统,实现综合交通运行评价、交通问题分析诊断、治理策略制定与发布、交通特征自主精细分析等系统即服务(System as a Service,SaaS)功能,赋能政府交通管理部门、交通咨询机构等多样化业务场景,为交通综合治理工作提效、增智。

高德地图充分利用人地时空数据，打造"评诊治"智能决策 SaaS 系统，主要内容包括以下五个方面。

2.2.1　一个数据底盘

城市评诊治系统的建设依托高德地图自有数据资源，包含动、静态两大类数据：静态数据包括基础地图数据、地铁线网数据、公交线路数据、POI 数据、兴趣区（Area of Interest, AOI）数据；动态数据包含导航数据、路线规划数据、通勤 OD 数据、路况数据、拥堵指数数据、路口延误数据、公交 GPS 数据等。在进一步丰富各类互联网数据的同时，形成评诊治系统数据底盘。

2.2.2　一个数据中台

依托数据底盘能力，搭建可服务于业务应用的数据中台，包括相应的指标服务体系和数据模型算法体系。高德地图确立流量饱和度指标、路口延误评价指标、道路承载力、到达吸引力指数、拥堵时空热力、强吸引点指数、通勤职住比等指标，应用到交通流模型、熵权法、K 均值法（K-Means）、优劣解距离法（TOPSIS）、OD 熵、聚类等数据模型及算法中，为"评诊治系统"提供专业、科学的能力支撑。

2.2.3　一套 SaaS 服务

基于数据底盘和数据中台，搭建上层 SaaS 服务应用系统。整个 SaaS 服务围绕评价、诊断、治理、后评估的闭环理念，开发搭建交通健康体检、交通精细诊治、运行跟踪评价、工具组件分析四大实战应用的模块。

2.2.4　一套应用程序编程接口（API）服务

基于数据底盘和数据中台，搭建上层 API 服务，提供七大类数据服务，包含基础路网分析、交通运行分析、路段交通评诊治、路口交通评诊治、AOI 强吸引点交通评诊治、区域通勤评诊治、对象编码查询、图形信息查询。

2.2.5　用户身份及鉴权管理

城市评诊治系统涉及两类用户群体，包括商业用户和潜在客户（简称"潜客"）用户。潜客用户使用权限中的数据查询日期、数据下载等功能会受到约束和控制。同时，搭建一套用户鉴权管理平台，用于控制不同用户的访问权限内容，包括用户名、访问时长、功能模块等。

2.3 评诊治系统依据

本系统的设计符合相关标准规范，主要遵循和参考了如下国家、行业、地方标准规范（包括并不限于以下标准及规范，如各标准及规范对相同内容有不同规定时，遵循更严格的标准；如有版本更新，参照新版本执行）：

（1）《中华人民共和国数据安全法》；
（2）《中华人民共和国个人信息保护法》；
（3）《中共中央国务院关于进一步加强城市规划建设管理工作的若干意见》；
（4）《Synchro Studio 9 User Guide》；
（5）《城市交通运行状况评价规范》（GB/T 33171—2016）；
（6）《Planning for Travel Time Reliability-Florida Department of Transportation》；
（7）《城市客运术语　第2部分：公共汽电车》（GB/T 32852.2—2018）；
（8）《城市客运术语　第1部分：通用术语》（GB/T 32852.1—2016）；
（9）《城市公共汽电车客运服务规范》（GB/T 22484—2016）；
（10）《城市综合交通体系规划标准》（GB/T 51328—2018）；
（11）《公交都市考核评价指标体系》；
（12）《城市公共交通发展水平评价指标体系》（GB/T 35654—2017）；
（13）《道路交通标志和标线》（GB 5768）系列标准；
（14）《城市道路单向交通组织原则》（GA/T 486—2015）；
（15）《建设项目交通影响评价技术标准》（CJJ/T 141—2010）；
（16）《城市道路工程设计规范（2016年版）》（CJJ 37—2012）。

2.4 评诊治系统产品介绍

2.4.1 评诊治系统

评诊治系统基于AI技术，在全方位分析拥堵区域的道路基础设施、交通运行健康状况和高峰时段拥堵规律后，"一键生成"具体治理建议并应用到各类城市交通拥堵场景。例如，系统在分析高架道路匝道出入口、常发拥堵路段和红绿灯路口等拥堵场景时，可以针对不同场景给出具体的成因分析、优化方案和效果评价，为城市各类交通拥堵场景提供精细、科学的"评诊治"一体化解决方案。

该系统可针对各类交通拥堵场景，"因地因时制宜"提出治理对策建议，辅助管理者进行决策。高峰时段的通行效率是影响城市交通运行健康状况和居民出行舒适度的关键因素，系统通过交通评诊治系统扫描，可自动发现易拥堵的通勤路段和拥堵关键节点，结合对该路段公共交通的整体分析，可整体输出缓堵方案，包括通勤出行特征分析、拥堵节点信号灯控制评价及优化建议。此外，该系统还能够快速识别各类场景的瓶颈点和诊断拥堵成因，有针对性地给出匝道入口信号灯配时优化、可变车道设置、车辆智慧调度等治理方案。

高德地图评诊治系统打破了以往对城市交通运行评价指标单一、评价与治理脱节、无体系的困局，可为城市交通管理者提供全方位的量化参考依据及建议优化措施，助力城市交管部门精准高效治理交通拥堵问题。城市交通"评诊治"智能决策系统充分挖掘并发挥"互联网+"交通数据价值，将驾车导航、OD通勤和公共交通多元数据融会贯通，创新性地应用于不同场景下城市交通拥堵"评、诊、治"全流程，赋能城市交通精细化管控。

高德地图为用户提供了一个易用、安全、高效的，基于互联网SaaS数据交互的评诊治系统，包含超过14大项、上百个子项的系统功能，并且新的功能还在持续不断地升级和完善中（图2-1）。该系统可以直接通过互联网访问，不需要安装，用户使用和维护成本低；同时，系统提供80余项完善的数据接口服务，可以根据客户的个性化需求在该系统的基础上进行二次开发，或者与其他业务系统集成。

图2-1 评诊治系统界面

1）简单易用

（1）运行在互联网环境下，不需要安装程序或其他软件，用户使用和维护成本低；

（2）根据时空需要查询所需数据，学习成本低，评价、诊断、治理文字分析结论提示随处可见，所见即所得，无须过多培训；

(3)提供强大的数据下载功能,用户可结合自有数据进行二次分析研判;

(4)强大的GIS交互能力和数据可视化呈现,使时空趋势分布一目了然;

(5)后端海量数据依托云服务,数据查询请求高效灵活;

(6)使用Vue技术栈,页面加载秒级响应。

2)系统特性

(1)手机+验证码登录,更好地保护用户账户安全,同时避免账号注册、密码丢失等烦琐问题;

(2)具有强大的基于组以及角色的权限机制,提供完善灵活的角色权限配置管理服务,保证管理简单、使用安全;除城市/行政区等标准空间范围外,还提供任意自定义空间区域的"评诊治"分析功能,数据服务更加灵活便捷;

(3)自定义查询结果实时保存,支持历史任务回溯。

2.4.2 "评诊治"API服务

城市交通"评诊治"REST API 是基于超文本传输协议/安全超文本传送协议(HTTP/HTTPS)的接口,返回结果为标准化的 JavaScript 对象表示法(JavaScript Object Notation,JSON)格式。API 提供包括路网基础诊治、交通运行诊治、路段诊治、路口诊治、强吸引点诊治、区域通勤诊治、自定义区域诊治、图形信息查询等服务功能,开发者可以使用任何客户端、服务器和开发语言,按照高德地图城市交通"评诊治"REST API 规范,按需构建 HTTPS 请求,并获取结果数据。

"评诊治"API 服务包含路网基础诊治、交通运行诊治、路段诊治、路口诊治、强吸引点诊治、区域通勤诊治、自定义区域诊治、图形信息服务八大模块内容(图2-2),主要面向有开发能力的单位,支持系统内网集成。城市交通"评诊治"接口服务框架如图2-3所示。

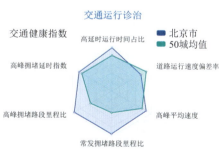

提供区域路网密度、道路级配等基础指标查询功能,用于评价区域道路路网的合理性。

提供区域下各等级道路流量分担率、驾车活力指数、交通健康指数及六宫格指标实时及历史查询功能,用于区域宏观交通运行监测及趋势分析,问题道路的挖掘与定位等。

图 2-2

路段诊治

提供交叉口之间路段饱和度、瓶颈点、到达吸引力指数等查询功能，饱和度为均衡区域内车流及流量诱导提供数据支持；瓶颈点用于挖掘道路拥堵点；到达吸引力指数为停车治理场景提供依据。

路口诊治

提供路口延误指数、服务水平、排队长度、停车次数等指标评价，同时支持右转低效、转向失衡、转向潮汐路口识别功能。用于路口交通运行情况监测分析，为延误路口识别、诊断、优化提供数据支撑。

强吸引点诊治

提供医院门口停车等待时长、拥堵延时指数、平均速度、车流溯源等查询功能，用于强吸引点拥堵评价及需求来源分析。

区域通勤诊治

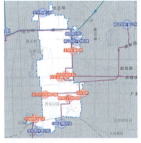

提供区域通勤方式分担率、职住比、自足性、通勤成本、通勤路径识别、任意路段OD回溯等指标查询功能，用于区域绿色出行、职住均衡性评价分析，以及为通勤场景下的交通治理提供数据支撑。

自定义区域诊治

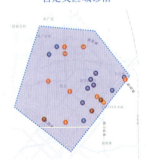

提供自定义区域下通勤、路口评价数据的查询功能，用于自定义空间范围的交通评诊治场景。

图形信息服务

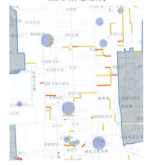

提供路段、路口、通勤路径、拥堵延时指数对象图形信息查询功能，关联其他接口，用于地图渲染及可视化。

图 2-2 "评诊治" 接口服务简介

图 2-3 城市交通"评诊治"接口服务框架

2.5 评诊治系统架构

2.5.1 系统概述和架构

高德地图城市交通"评诊治"SaaS 系统及应用的建设与传统交通信息系统有显著差异，它立足于高德地图交通数据，坚持科学分析，遵循国家法律和相关方针政策，以标准化、规范化、兼容性、扩展性、先进性、可靠性等多个技术视角来建设系统和相关的 API 服务接口，对城市区域做全方位扫描分析诊断，形成评价结果、治理方案，使得各环节做到"有数可依"。

评诊治系统总体上自下到上由数据层（含离线计算、在线存储）、算法层、平台即服务（Platform as a Service，PaaS）层、网关层、SaaS API 服务层、前端应用层组成，安全与权限层贯穿整个系统架构，系统整体部署在互联网（技术上也支持本地化定制开发），最终通过前端应用层对外提供 SaaS 服务（图 2-4）。

评诊治系统的数据主要来源于高德地图的互联网导航出行数据，包括驾车、公交、骑行等，并基于位置服务的人地数据，依据国家或行业标准规范准则，通过数据平台对原始数据进行脱敏、纠偏、建模、分析计算、归纳，最终入库，提供可供系统使用的基础数据服务，从而形成满足业务需求的城市交通数据分析系统的坚实数据底盘。

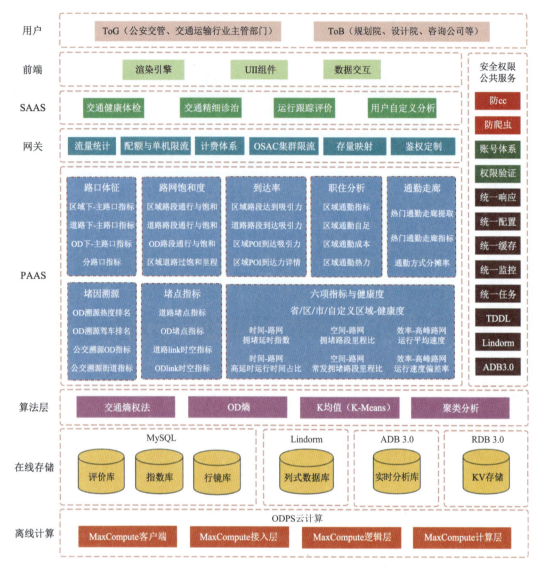

图 2-4 评诊治系统总体架构图

评诊治系统的核心是城市交通指标体系的搭建，主要以交通拥堵评价数据、路口评价数据、通勤 OD 数据、导航数据、出行规划数据、矢量地图数据、公交线网静态数据、实时动态公交数据为数据基础，以出行规划引擎、优劣解距离法（TOPSIS）、交通熵权法、OD 熵、K-Means、聚类分析为核心算法和引擎，在交通健康体检、交通精细诊治、运行跟踪评价、通勤 OD、用户自定义分析等维度落地了城市交通评诊治的分析体系，同时生成了一套针对用户的有关交通拥堵评价、路口评价、通勤 OD、导航出行规划、矢量地图、静态公交线网以及实时动态公交数据等指标的开放系统 API，第三方用户可以基于此来定制开发自己的解决方案。

2.5.2 系统数据架构

评诊治系统基于阿里的海量数据计算服务平台（MaxCompute，原名 ODPS），对高德地图用户历史 PB[①]级的交通数据进行批量结构化的存储、脱敏、纠偏、建模、分析计算、归纳。其提供一种便捷的分析处理海量数据的手段，在不必关心分布式计算细节的前提下，系统按照城市、区域、时间、日期类型、时段等不同维度在云上并行计算出各项交通指标，并进行增量与全量的线上同步。其数据架构图如图 2-5 所示。

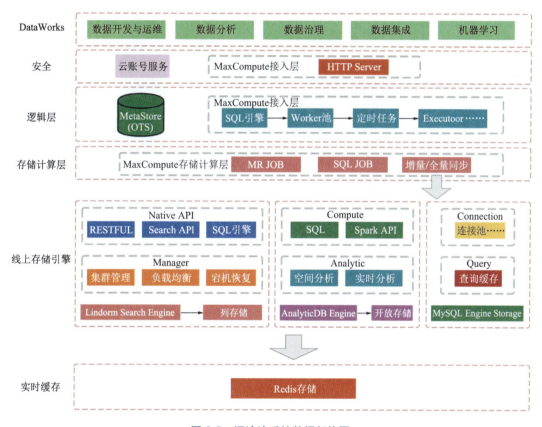

图 2-5　评诊治系统数据架构图

2.5.3 系统数据存储架构

评诊治系统结合数据的特性和使用场景进行不同的存储选型，构建交通数据指标的混合存储体系，以实现在性能与成本方面最佳的存储模式，适用于亿级数据指标，其存储架构图如图 2-6 所示。

---

① 1PB = 1024TB，1TB = 1024GB，1GB = 1024MB，1MB = 1024KB。

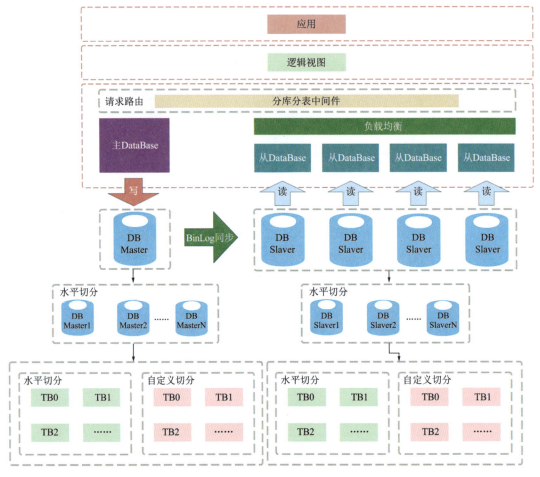

图 2-6 评诊治系统数据存储架构图

针对海量数据的简单查询采用支持关系模型引擎的列式存储 Lindorm（灵动），在 HBase 基础上研发专门面向大规模数据存储场景的 NoSQL 数据库，单表规模可支持超过 100 万亿条。它支持索引、关系数据模型以及部分标准的 SQL 语法，对于在数据层业务较为简单但数据量特别巨大的指标，可将其持久化到 Lindorm。

针对实时性要求高的空间查询数据，采用支持实时分析存储的云原生数据仓库 AnalyticDB，它是云原生 OLAP 分析引擎版本的分析型数据库，覆盖高并发在线分析、复杂交互式分析、实时混合数据仓库等多种使用场景。

针对数据量的复杂查询采用关系型数据库 MySQL，并对库进行垂直和水平拆分，以应对数据的存储与查询性能需求，其分库原则是基于数据的地理特征整体按照地址编码进行分库分表，同时针对特定的若干大城市，以自定义的方式均分到各个库表中，从而避免数据的拆分倾斜问题。

2.5.4 系统物理架构

为了保障系统安全可靠的计算服务，我们将评诊治系统与其依赖的中间件和存储分布式部署在阿里云的公有云上，提供简单高效、安全可靠、处理能力可弹性伸缩的计算服务，形成张北同城容灾以及张北与上海异地容灾的多地容灾部署格局，其物理部署架构图如图 2-7 所示。

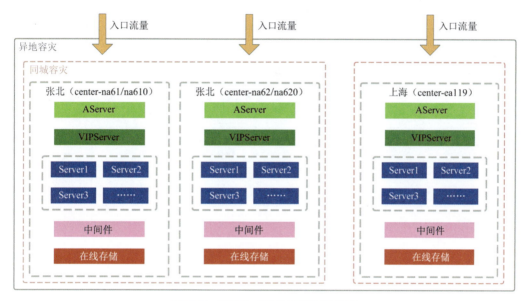

图 2-7　评诊治系统物理部署架构图

另外评诊治系统接入了防 DDOS 攻击、漏洞扫描、主机安全等安全系统。在业务权限、访问权限、数据传输加密、监控等方面都做了相应的安全监测，保证了系统的安全可靠运行。

2.5.5 前端应用架构

评诊治系统前端的架构自下往上分为网络层、数据层、视图层（图 2-8），与传统前端系统架构不同，在设计时，我们在视图层和网络层的请求数据之间增加了数据层。增加数据层的原因是，前端和服务端进行接口联调，从服务端角度来说，前端只要拿到数据即可，不需要关注地图可视化如何渲染，而在地图可视化应用开发中，服务端接口返回的数据不能直接用于渲染，通过增加数据层可以更好地贴合前端框架模型-视图-视图模型（Model-View-View Model，MVVM）的设计思想，使前端研发的可维护性和可扩展性更好。

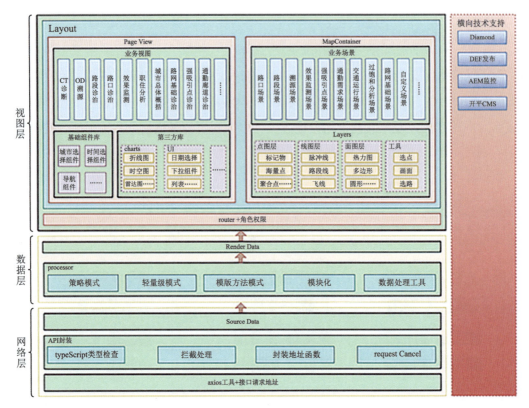

图 2-8 评诊治系统前端架构图

网络层是与服务端交互的核心能力,通过配置 Axios 的基本配置,并使用 TypeScript 的类型检查和提示,使前端在数据层处理数据能快速精准地知道每个字段,并且减少了不必要的代码错误,另外我们还具备防抖的能力,解决了接口请求频率过高造成的占用资源和异步请求数据返回不准确问题。

数据层的主要功能就是为视图层提供需要的渲染数据,大部分的业务处理都会集中在该层,让视图层更加纯粹,专注于地图可视化渲染以及前端用户界面(User Interface,UI)业务组件。其中,我们使用了多种设计模式,以便复用更多代码,让代码可读性更强,以及提高代码的可扩展性和可维护性,让多个视图模块化,从而增加了项目的健壮性、可维护性、可扩展性。

视图层是前端业务组件以及地图可视化渲染效果的具体呈现,根据 UI 的设计,我们确定布局(Layout)的方式和业务视图,根据不同的业务场景,通过模块化的开发,形成不同业务组件,实现了采用像乐高积木一样搭建的方式形成一个个前端业务页面。在地图可视化开发时,为了获得更好的性能和用户体验,我们摒弃了每个业务视图创建销毁一个地图的"高消费"模式,只销毁创建一次地图基座,维护一个地图实例,从而实现页面的高效切换。

另外，为了更好地支持业务的稳定运行和有效迭代，我们也使用了一些横向技术支持，例如：使用 Diamond 实现前端高效回滚，在有线上问题时，能在 5s 内回滚到上一版本，实现了快速修复的能力；使用 DEF 发布，与 Diamond 配合以实现自动化部署代码和发布，实现脱离复杂的上线流程，简单式操作发布，不用前端去关注服务部署和打包，高效实现上线；使用 AEM 监控，AEM 是阿里巴巴集团研发的一款强大的用户体验监控平台，具有多维分析、满意度分析、流畅性分析、稳定性分析、链路分析、表单分析、看板搭建、日志查询、体验模型、热力分析等功能，从而实现了"从产品为中心到客户为中心"经营理念的转变；使用高德地图开放平台 CMS，实现文件管理（存放图片、js 文件、html 文件等各种资源）、提供对应的 CDN 链接并提供可编辑的 JSON 配置等功能，可以方便地运用到项目中，同时带有回滚功能。

2.5.6 亿级指标数据查询实践

评诊治系统是一个有着亿级指标数据体量的交通数据分析系统，即使没有数据倾斜，亿级数据的单表查询扫描行数也都在百万级以上，这对系统与用户的体验都是一种巨大的负担和挑战。随着系统功能的不断迭代与业务的完善，评诊治系统在 SQL、索引、存储、业务四个层面一步步做了大量优化。

1）SQL 优化

（1）Limit 分页优化：数据的查询越往后分页的偏移量（offset）越大，利用索引覆盖和 IN 子查询来大幅度减少回表的次数。

（2）复杂查询优化：将 SQL 中的嵌套查询拆分为若干子查询，将复杂的聚合计算降为简单查询，后续的组合以及聚合全部上升到内存处理。

2）索引优化

（1）增加检索条件：尽可能多地增加过滤条件，在技术层面将大的业务拆分为若干小业务来减小搜索范围，各个小业务并发执行并在服务层面合并。

（2）优化索引顺序：计算索引选择度，同时按照如下公式计算出索引列的最优前缀，构造最佳前缀索引，使其在性能和空间上达到平衡。

公式一：SELECT COUNT(DISTINCT cname)/COUNT(*) FROM tname;

公式二：SELECT COUNT(DISTINCT LEFT(cname, preLen))/COUNT(*) FROM tname。

3）存储优化

（1）存储选型：根据数据的特性和使用场景选择最合适的存储引擎，构建交通数据指标的混合存储体系，实现性能与成本之间的平衡。

（2）数据拆分：按照全国数据的地理特征，将全量的指标数据水平切分到若干实例上，每个实例的指标也被切分为若干份，保证每份数据的体量在百万级。

4）业务优化

（1）离线计算：基于自身的业务场景，将部分指标的在线计算模式下沉到定时任务，以周期性的方式离线预计算出某一时间片的数据并缓存。

（2）并行计算：继续深挖业务逻辑，调整业务推进顺序，将并行的部分抽出，配置线程池，并发推进提升性能。

2.5.7 安全架构

评诊治系统是一款面向交通规划院、设计院的规划师、工程师，以及交警、运管人员等交通领域从业者的专业解决方案，系统中数据的价值与敏感度级别非常高，对数据的安全性也提出了更高的要求。高德地图研发在网关层面接入阿里巴巴集团的霸下系统（简称"阿里霸下"），在应用层面重点针对系统的异常访问、恶意请求、偷取数据等方面进行了统一的识别与安全拦截工作，其安全架构如图 2-9 所示。

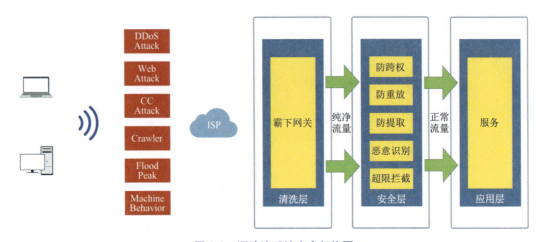

图 2-9 评诊治系统安全架构图

阿里霸下-七层流量清洗，是一套部署在阿里巴巴集团所有业务链路前端的流量管理产品，对混杂在流量中的恶意请求［挑战黑洞（Challenge Collapsar，CC）攻击、Web 攻击、爬虫、刷单、垃圾注册、垃圾消息等］进行清洗，提高最终提交到业务系统的流量纯净度，从而保障业务系统稳定性和消费者权益。

防跨权、防重放、防提取：服务端针对请求池中的链接判断其请求中是否带有地址参数并进行用户配置信息的合法性校验，若非法会发出安全提示跨权访问，多次警告无果则冻结账号并将其置为无效；服务端针对请求池中的链接验证防重放参数，同时进行时间戳的校验判断是否过期；用加密算法对请求体、时间戳以及防重放参数进行哈希签名认证，防止参数篡改并大幅增加用户提取数据的难度。

恶意账号识别并踢出：在服务端实现对异常访问并无法联系到具体账号使用人的请求的识别，同时通过日志和监控记录下异常账号的行为和信息，若确定账号使用人为非合作人士则修改其账号密码，并将现有账号用户踢出使其无法继续访问。

恶意请求超限拦截：服务端为系统增加自定义配置功能，可实现针对指定用户进行对某个接口 1min 内的访问频率限制配置的功能，该能力可识别针对接口的访问是人为或人机操作，避免针对某个接口的恶意刷取，防止数据被偷和服务被拖垮。

2.6 评诊治系统功能概况

评诊治系统尝试将数据分析的应用扩展到交通诊断和交通治理，发挥高德地图所拥有数据的更大价值。充分利用高德地图互联网交通数据能力，结合行业多年积累的交通模型和治理分析经验，基于数据、云计算、AI 等先进技术全方位分析拥堵区域的道路基础设施、交通运行健康状况和时空拥堵规律，"一键生成"针对性治理建议并应用到各类城市交通拥堵场景中，为城市交通精细化、精准化、科学化管理提供重要参考依据。系统主要为城市/行政区/任意片区提供全方位交通健康 CT 体检，构建"发现交通病灶＋找准生病原因＋对症下药＋改善成效"的全链路闭环的分析系统，从"评"到"诊"再到"治"，全方位为城市管理者提供量化参考依据，助力城市高效治堵。简单来讲，评诊治系统可以类比为"交通医生"，通过数据实现对城市全方位 CT 体检、定位病灶、找到病因、对症下药、效果评估的治理闭环。

评诊治系统共设计四大核心系统功能模块："交通健康体检""交通精细诊治""运行跟踪评价"和"工具组件分析"（图 2-10）。

图 2-10　评诊治系统模块

2.6.1 交通健康体检

交通健康体检模块从城市发展、交通需求、路网运行、道路设施、公交服务、安全水平等多个维度，计算 100 多项评价指标，全面扫描所选区域综合交通发展情况，全自动一键输出区域健康体检报告及治理建议。

2.6.2 交通精细诊治

交通精细诊治模块全从交通需求特征、路网基础状况、交通运行情况、主要通勤路径、AOI 强吸引区域、问题路段、问题路口等多个模块，全自动剖析各类问题，提出诊断与治理建议。

2.6.3 运行跟踪评价

运行跟踪评价模块对实施治理措施后的路网运行情况进行评估，包括区域拥堵改善效果的全方位评价，特殊管理措施事件的动态运行监测。

2.6.4 工具组件分析

工具组件分析提供区域流量过饱和分析、任意路段 OD 溯源、停车强需求路段挖掘等核心功能。

2.6.5 自定义研判分析

自定义分析能够针对除城市/行政区外，用户可自行划定任意片区开展交通评诊治，能够灵活、便捷地进行自定义研判分析操作（图 2-11）。

图 2-11 自定义区域诊断能力

2.6.6 系统可视化服务

系统可视化服务模块主要为系统前端可视化的服务模块，主要包含道路分等级渲染可视化、流量渲染可视化、任意路段时空拥堵热力图、匝道流入流出简图、路口诊断图、职住可视化分布图、数据报表可视化等功能模块。

2.6.7 鉴权服务

鉴权服务模块主要包含用户登录鉴权、申请体验等功能模块。

2.6.8 数据查询和下载

系统提供数据查询和下载服务，包括按照城市/行政区和自定义面域、按照日/周/月/时、按照通勤/假日等特征日、按照早高峰/晚高峰/平峰时段等不同时空范围组合的数据查询和下载服务，同时可以便捷地生成报告、分发、打印和下载。

2.7 评诊治系统指标定义

评诊治系统支撑层由数十项交通评价、交通诊断、交通治理指标体系构建而成，包括各项城市交通宏观、中观、微观层面的指标。核心的指标体系包括：评价城市交通拥堵程度的交通拥堵延时指数，评价城市交通运行现状的交通健康指数，评价信号控制路口延误的路口延误指数等指标体系，评价道路承载力的路段饱和度指标，评价目的地热度的到达 POI 吸引力指数，评价车辆过境或非过境的停车强需求指数等。下面介绍重要评价指标的详细定义。

2.7.1 基础路网分析

1）路网密度

路网密度的定义是区域内道路里程/区域面积，单位为千米/平方千米（km/km²），是用于评价区域道路网是否合理的基本指标。

2）道路级配

基于区域内不同等级道路里程，计算各等级道路里程之比，即为道路级配，可用于评价区域内不同等级道路配比的合理性。

3）流量分担率

流量分担率指区域内各等级道路车流量占比，车流量为去重后的车辆数，用于评价区域内不同等级道路流量分担合理性。

2.7.2 交通运行分析

1）驾车活力指数

驾车活力指数指城市驾车导航出行量相比历史相同特征日平均出行量的变化率，反映和刻画城市机动车交通活力的变化情况。

2）交通健康指数

随着城市交通复杂性增加和智能交通的飞速发展，单一指标的评价和诊断已不能满足我国交通运行的多样化评测。参考国内外权威机构对于城市交通运行状态评估的理论方法体系和相关实现技术，建立城市交通诊断评价模型，即"交通健康指数"综合性评价方法，全面刻画城市交通运行状况。该指数由6项交通运行指标组成，可以对城市路网进行全方位立体化运行健康评价分析（图2-12）。

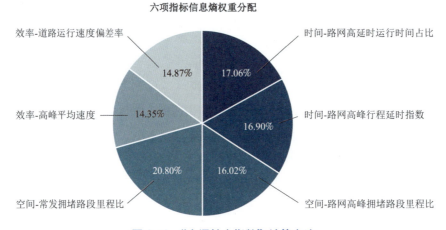

图2-12 "交通健康指数"计算方法

交通健康指数算法沿用国际通用的信息熵方法确定评价指标权重（该方法在政府权威部门、社会经济及学术领域报告中已经普遍应用），并采用逼近理想解排序法（Technique for Order Preference by Similarity to Ideal Solution，TOPSIS）对正负理想解的计算结果进行排名，最终评分结果代表各城市"六宫格"指标与理想值之间的接近程度，其中多项指标兼容《城市道路交通组织设计规范》（GB/T 36670—2018）交通组织方案评价。

"交通健康指数"值越高说明离理想值越近，城市交通运行相对越健康；值越低则说明多项指标距离理想值越远，相对越不健康。在城市健康指数中，所得结果即代表着该城市健康水平与最优目标的接近百分比，越接近100%表示健康水平越高，越接近0表示健康指标越低。交通健康指数各分项指标见表2-1。

"交通健康指数"各分项指标含义　　　　　　　　　表 2-1

序号	指标维度	指标	含义
1	时间	路网高延时运行时间占比	道路网交通拥堵程度高于1.5的累计时长占全天时长的比例,从时间分布的角度反映路网拥堵程度和变化趋势
2	时间	路网高峰行程延时指数	高峰期实际旅行时间与自由流(畅通)状态下旅行时间的比值,值越大表示出行延时越高,反映出行延误程度
3	空间	路网高峰拥堵路段里程比	道路网中高峰期处于拥堵、严重拥堵的路段里程占总发布里程的比例,从空间分布的角度反映道路网交通拥堵的影响范围
4	空间	常发拥堵路段里程比	道路网中以一定频率出现严重拥堵的路段里程比例,从空间分布的角度反映交通拥堵发生的聚集性
5	效率	高峰平均速度	反映路网中高峰期车辆行驶的平均速度
6	效率	道路运行速度偏差率	路网每日速度标准差与平均速度的比值,值越大速度变化越大,从相对角度反映速度变化的差异和离散程度

3)拥堵延时指数

在交通评价中时间维度最重要的"拥堵延时指数"指标定义为：实际出行时间相比自由流下出行时间的倍数。根据区域内路段集合,按照不同时间维度统计需求,计算这些路段在统计间隔内平均旅行时间与自由流时间按照通车数量加权求和的比值,得到该统计时间段内区域的拥堵延时指数(表2-2)。例如：在自由流状态下从 A 地到 B 地花费 1h,而当前驾车出行用了 2h,那么当前拥堵延时指数就是 2。其计算公式为：拥堵延时指数 = 实际旅行时间/自由流(畅通)状态下旅行时间。

拥堵延时指数对应的交通运行状态　　　　　　　　　表 2-2

对象	畅通	缓行	拥堵	严重拥堵
区域	[1,1.5)	[1.5,1.8)	[1.8,2.2)	2.2 以上
道路	[1,1.5)	[1.5,2.0)	[2.0,4.0)	4.0 以上

计算方法：根据查询空间范围内的路段集合,按照不同时间维度统计需求,计算这些路段在统计间隔内平均旅行时间与自由流时间加权求和的比值,得到该统计时间段内的拥堵延时指数。

4)高延时运行时间占比

区域/道路拥堵延时指数高于1.5的累计时长占全天时长的比例,从时间分布的角度反映路网拥堵程度和变化趋势。

5)拥堵路段里程比

处于拥堵、严重拥堵状态路段(即高德地图路况显示为红色、黑红色的路段)的里程占总发布里程的比例,从空间分布的角度反映道路网交通拥堵的影响范围。

6）常发拥堵路段里程比

道路网中以一定频率出现严重拥堵的路段里程比例，从空间分布的角度反映交通拥堵发生的聚集性。季度常发拥堵路段里程比为季度 2 个月（含）以上每月都有 3 周（含）以上、每周有 4 个工作日（含）以上、每天有 1h（含）以上处于严重拥堵状态的路段里程占总发布里程的比例；年常发拥堵路段里程比为一年中有 6 个月（含）以上、每月有 3 周（含）以上、每周有 4 个工作日（含）以上、每天有 1h（含）以上处于严重拥堵状态的路段里程占总发布里程的比例。

7）平均速度

空间范围内车辆行驶的平均速度，单位为千米/时（km/h）。

8）道路运行速度偏差率

每日道路运行速度标准差与平均速度的比值，值越大表示速度变化越大，从相对角度反映速度变化的差异和离散程度。

2.7.3 路段交通评诊治

1）路段饱和度

路段通行能力是指道路设施所能疏导交通流的能力，指单位时间内可能通过路段的最大交通量。路段饱和度是指道路车流的实际交通流量与其通行能力的比值，是反映道路服务水平的重要指标之一。它从供需角度反映了道路的服务水平，路段饱和度越大，路段的服务水平越低，路段饱和度越小，服务水平越高，可诱导空间越大。

2）各等级道路过饱和里程比

各等级道路过饱和里程比是指区域内各等级道路的过饱和路段里程占比，是评价不同等级道路服务水平的重要指标之一，反映流量需求分布的均衡性。

3）道路拥堵时空面积

道路拥堵时空面积高的路段，即为堵点。拥堵时空面积指时空范围内平均速度小于拥堵速度阈值的总时空面积，是发生拥堵路段的里程与拥堵时间乘积之和，从时间和空间角度反映路段拥堵程度。

4）路段到达吸引力指数

路段到达吸引力指数从车辆轨迹分析出行者的出行行为，从而区分路段上的过境流量和到达流量。路段到达吸引力指数 = 到达流量/总流量。可以根据该指数判断停车需求高的路段，以获取潜在停车强需求点，进而为相关部门设置停车位提供科学合理依据。

5）POI 到达吸引力指数

"强吸引 POI"是指造成道路高到达率的 POI，即交通强吸引点，如医院、商场、学校、景区、写字楼等类型。POI 到达吸引力指数为各 POI 吸引到达车辆的指数，用于挖掘停车强需求目的地。

2.7.4　路口交通评诊治

1）延误指数

延误指数是描述信控路口运行状态的综合评估指数。综合考虑路口的停车延误和停车次数形成路口延误指数，计算方法为延误指数 = 停车延误 + 10 × 停车次数，参考信号优化软件 Synchro 的权重选择。延误指数值越高，路口交通运行情况越差。

2）服务水平

依据延误指数将路口服务水平划分 A~F 六个等级（A 级为最优，F 级为最差），当区域 E 和 F 等级路口较多时，则说明路口服务水平整体较低。路口服务水平评价和划分标准参考 Synchro Studio 9 用户指南、《美国道路通行能力手册》（HCM）和《建设项目交通影响评价技术标准》（CJJ/T 141—2010）。

A 级服务水平：车辆运行的控制延误很小，小于 10s/辆。这一服务水平意味绿波信号非常令人满意，大多数车辆在绿灯相位期间到达，驶过路口不需要停车的车辆占比较高，延误很小。

B 级服务水平：车辆运行的控制延误为 10~20s/辆。出现在绿波较好或周期较短的情况下。

C 级服务水平：车辆运行的控制延误为 20~35s/辆。出现在一般的绿波控制、周期较长的情况下。在 C 级服务水平下，个别信号周期可能开始失效，车辆不能在给定的绿灯相位通过，开始出现排队车辆。

D 级服务水平：车辆运行的控制延误为 35~55s/辆。在 D 级服务水平，由于绿波不匹配、周期比较长和 V/C 比（实际交通流量与路段通行能力之比）较高等因素的组合作用，开始产生较大的延误，停车车辆的比例上升明显，信号周期失效现象增多。

E 级服务水平：车辆运行的控制延误为 55~80s/辆。这种大延误通常表示绿波差、周期长和 V/C 比高，信号周期失效现象时常发生。

F 级服务水平：车辆运行的控制延误超过 80s/辆。这一服务水平通常出现在过饱和状态下，也就是车辆的到达流率大于车道组的通行能力的时候。绿波差和长周期也可能导致低服务水平。

3）排队长度

排队长度通过挖掘车辆停止、起动时刻,以及停车位置来确定。假定动态位置信息在排队队伍中的空间分布服从泊松分布,利用数学期望,基于排队队伍中动态位置信息的停车位置计算得到最大排队长度。

4）停车次数

停车次数是以速度为主要参数判断车辆的关键运动状态,挖掘车辆的停止、起动时刻,每一组停止-起动操作为一次停车,平均每辆车通过路口需等待的信号周期数目。

5）路口溢出

当车辆排队长度超过该路口与上游路口之间路段长度时,即可认为发生了路口溢出。

6）路口失衡

路口失衡用于描述路口是否存在某个方向绿灯时长不足而另一个方向绿灯存在空放的现象,如图 2-13 所示(A 级~F 级代表路口服务水平等级,A 级为最优,F 级为最差)。

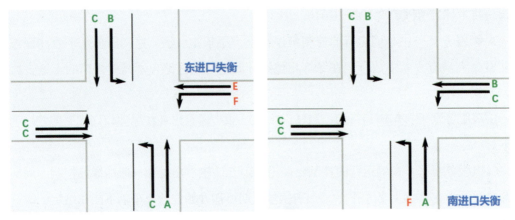

图 2-13　路口失衡示意图

7）右转低效

右转低效即路口的进口道右转方向服务水平为 E/F 级。

8）转向失衡

转向失衡即早高峰某进口道直行(或左转)服务水平为 E/F 级,且左转(或直行)服务水平为 A/B/C/D 级;同时晚高峰该进口道直行(或左转)服务水平为 E/F 级,且左转(或直行)服务水平为 A/B/C/D 级。

9）转向潮汐

转向潮汐是指早高峰某进口道直行服务水平为 E/F 级，且左转服务水平为 A/B/C/D 级，同时晚高峰该进口道直行服务水平为 A/B/C/D 级，且左转服务水平为 E/F 级；或早高峰某进口道直行服务水平为 A/B/C/D 级，且左转服务水平为 E/F 级，同时晚高峰该进口道直行服务水平为 E/F 级，且左转服务水平为 A/B/C/D 级。

2.7.5 AOI 强吸引力点交通评诊治

1）AOI 各门口拥堵延时指数

AOI 各门口拥堵延时指数反映 AOI 强吸引力点周边道路拥堵情况，如医院、商场各门口道路的拥堵延时指数、平均速度等，反映强吸引力点周边道路拥堵程度。

2）AOI 主门口[①]停车等待时长

AOI 主门口车辆停车等待时长，是以速度为主要参数判断车辆的关键运动状态，挖掘车辆的停止、起动时刻，每一组停止-起动操作为一次停车，每次停止-起动时间间隔为一次等待时长，如医院、商场车辆入口处的停车等待时长。

2.7.6 区域通勤评诊治

1）区域职住比指数

区域职住比指数为区域内工作人数/居住人数，指数在[0.8～1.2]范围内表示区域职住均衡，反之表示不均衡。

2）区域通勤自足性

区域通勤自足性指在给定的地域范围内居住并工作的劳动者数量所占的比重，计算方法为通勤起终点都在区域内的人数/所有通勤人数。

3）区域驾车通勤里程和通勤时长

区域驾车通勤里程和通勤时长指区域内不同通勤类型（内—内/内—外/外—内）的用户在早、晚高峰出行的平均驾车通勤里程、平均驾车通勤时长，是评价区域通勤成本的基本指标。

4）区域低性价比通勤占比

区域低性价比通勤占比指在区域内通勤用户中，通勤时长/通勤里程＞判断标准的用

---

① 主门口是指 AOI 的正门。

户占比，其中判断标准基于研究区域对应城市所有通勤用户的通勤时间及距离分布，拟合均值水平线，得到 $y = ax + b$，作为高低性价比判断标准。

5）区域通勤走廊识别

区域通勤走廊识别是基于区域内—内/内—外/外—内通勤用户的起终点分布，挖掘其驾车通勤路径，识别早、晚高峰期间通勤路径用户量高的关键道路，如"棠安路—科韵中路—科韵路中山大道立交桥—中山大道西—中山大道中"。同时基于起终点射线与正北方向的方位角进行判断得到廊道走向，例如"东—西"或者"南—北"，以及起终点描述信息。

6）区域通勤走廊拥堵延时指数

区域通勤走廊拥堵延时指数根据通勤走廊早、晚高峰自由流速度与平均速度信息计算，反映通勤道路的拥堵程度。

7）任意路段 OD 回溯

任意路段 OD 回溯指基于给定的任意路段，挖掘途经此路段不同里程比例的通勤 OD 信息，包含通勤人数、平均驾车通勤里程、平均驾车通勤时长、平均公共交通通勤时长、平均公共交通换乘次数、平均公共交通步行距离等，其中公共交通包含地面公交和地铁。

8）各出行方式通勤分担率

各出行方式通勤分担率表示区域内居住用户驾车、乘公交、乘地铁、骑行、步行的通勤人数占比。

2.8 评诊治系统应用场景

对于公安交管部门：本系统可以用于道路交通运行监测与态势研判，交通拥堵治理（信号优化等）、发布与评估，特殊事件（警情）处置、发布与评估，城市智能交通系统建设、城市交通大脑功能完善等。

对于交通厅、交通委、交通局、发改委、住建厅等相关行业主管部门：本系统可以用于综合交通运行监测、评价、态势研判与治理措施制定，宏观、中观交通需求管控政策措施决策支持，公共交通线网、运营、组织评价与优化，停车、慢行交通等专项设施布局优化与政策支持。

对于交通规划院、交通咨询机构和科研院所：本系统可用于在各类交通规划咨询项目中开展现状设施及交通需求精细分析，在交通治理、服务提升类项目中开展拥堵问题评估、诊治支持，在各阶段城市规划咨询项目中开展现状用地、交通特征精细分析。

2.9 评诊治系统服务城市

城市交通"评诊治"智能决策系统充分挖掘并发挥"互联网+"交通数据价值，将驾车导航、OD 通勤和公共交通多元数据融会贯通，创新性地应用于不同场景下城市交通拥堵"评诊治"全流程，赋能城市交通精细化管控。同时，系统还提供数据应用程序接口和输出服务，高效实现互联网数据跨网融合政府部门专网数据，助力交通规划咨询项目在基础数据调研阶段大幅提效，为智能交通科研课题和交通运输专业人才培养提供真实数据和实践案例。

截至 2022 年底，评诊治系统服务可支持全国近 100 个重点城市的研判分析，具体城市分布见表 2-3。

评诊治系统服务开通城市 表 2-3

开通城市	城市规模	开通城市	城市规模
北京市	超大城市	绍兴市	Ⅱ型大城市
天津市	超大城市	台州市	Ⅱ型大城市
上海市	超大城市	江门市	Ⅱ型大城市
广州市	超大城市	柳州市	Ⅱ型大城市
深圳市	超大城市	盐城市	Ⅱ型大城市
重庆市	超大城市	洛阳市	Ⅱ型大城市
沈阳市	特大城市	徐州市	Ⅱ型大城市
杭州市	特大城市	南通市	Ⅱ型大城市
青岛市	特大城市	包头市	Ⅱ型大城市
郑州市	特大城市	南充市	Ⅱ型大城市
武汉市	特大城市	石家庄市	Ⅱ型大城市
东莞市	特大城市	自贡市	Ⅱ型大城市
成都市	特大城市	绵阳市	Ⅱ型大城市
西安市	特大城市	汕头市	Ⅱ型大城市
南京市	特大城市	淄博市	Ⅱ型大城市
苏州市	Ⅰ型大城市	湛江市	Ⅱ型大城市
宁波市	Ⅰ型大城市	济宁市	Ⅱ型大城市
厦门市	Ⅰ型大城市	威海市	Ⅱ型大城市
长沙市	Ⅰ型大城市	鄂尔多斯市	Ⅱ型大城市
南宁市	Ⅰ型大城市	潍坊市	Ⅱ型大城市

续上表

开通城市	城市规模	开通城市	城市规模
昆明市	I型大城市	延安市	II型大城市
合肥市	I型大城市	临沂市	II型大城市
南昌市	I型大城市	枣庄市	II型大城市
福州市	I型大城市	聊城市	II型大城市
长春市	I型大城市	泸州市	II型大城市
哈尔滨市	I型大城市	泰安市	II型大城市
济南市	I型大城市	滨州市	II型大城市
太原市	I型大城市	拉萨市	中等城市
大连市	I型大城市	阳江市	中等城市
唐山市	I型大城市	金华市	中等城市
无锡市	II型大城市	中山市	中等城市
佛山市	II型大城市	宿迁市	中等城市
海口市	II型大城市	宜昌市	中等城市
兰州市	II型大城市	湖州市	中等城市
银川市	II型大城市	汉中市	中等城市
秦皇岛市	II型大城市	荆州市	中等城市
扬州市	II型大城市	晋城市	中等城市
温州市	II型大城市	义乌市	中等城市
烟台市	II型大城市	德阳市	中等城市
乌鲁木齐市	II型大城市	遂宁市	中等城市
惠州市	II型大城市	乐山市	中等城市
珠海市	II型大城市	内江市	中等城市
贵阳市	II型大城市	赤峰市	中等城市
西宁市	II型大城市	上饶市	中等城市
呼和浩特市	II型大城市	东营市	中等城市
常州市	II型大城市		

第 3 章

评诊治运营服务体系

3.1 高德地图评诊治系统运营服务能力

原则上，高德地图针对采购了评诊治系统客户，根据合同约定的服务形式，主要基于高德地图掌握的互联网交通数据为客户提供数据分析咨询服务，总体上分为 SaaS（线上）服务和 SaaS（线上）+ 驻场服务（线下）两种模式。

3.1.1 SaaS（线上）服务模式

（1）固定报告服务：按固定周期与固定模板，每个季度或者每个月，高德地图运营团队定期提供一份城市或所采购区域总体的运行分析报告。

（2）定制数据分析服务：主要从道路交通运行分析、出行（通勤或全量）需求分析、公交服务评估、路网设施规模评价、停车需求分析等方面，以分析报告的形式，为客户提供定制化的数据分析咨询服务。主要包括以下三方面定制分析：

①空间上的定制化：针对客户关注的自定义片区，提供相关分析报告。

②时间上的定制化：针对客户关注的时间段，提供相关分析报告。

③政策（事件）评估的定制化：针对客户关注的政策、措施、事件的影响，提供相关分析报告。

定制数据分析服务原则上基于高德地图自有交通数据进行，为了满足用户在使用 SaaS 等交付产品既有功能时暂时无法满足的需求，高德地图还提供分析报告。服务团队将在合同签订阶段，根据项目规模，赠送相应工时的资源包，作为定制数据分析服务的工作量核算参考，由甲方发起任务，高德地图整体评估所需工时，完成任务后对相应的资源包进行核销。

（3）定期现场交流：高德地图服务团队将定期上门拜访客户主要领导，交流产品使用体验，或在其他城市的使用经验、案例等。

（4）合作宣传：高德地图服务团队将根据客户的需求，以发布公开文章等形式，开展产品相关的政策措施实施效果等方面的宣传，结合实际情况可配合总结项目经验并发表论文或正式出版，或制作宣传视频等。

3.1.2　SaaS（线上）+ 驻场服务（线下）模式

在客户预算较为充足的情况下，高德地图亦可在 SaaS（线上）服务模式的基础上，提供 SaaS（线上）+ 驻场服务（线下）的模式，结合客户本地的数据，提供更加专业的线下驻场分析服务。面向交警、交通局等类别的主要客户，提供的主要服务如下。

1）面向交警客户

（1）主要区域持续跟踪（日报、周报、月报）：医院、综合体、学校、园区、地铁站等重点关注区域内的道路、路口的指标日报，分析环比、同比变化情况，路口拥堵严重的方向，拥堵的路段。同时，高德地图将配备专门的服务团队跟进处理。

（2）异常拥堵监测分析：与公共服务平台联动，监测异常拥堵点，再基于此分析拥堵特征（例如拥堵时间、哪些道路拥堵程度最高等）。

（3）重点片区出行研判：根据客户临时需求，比如占道施工疏解需要等场景，针对重点片区进行职住分析、OD 溯源、通勤廊道识别等，研判出行特征，指导业务决策。

（4）停车需求分析：根据客户临时需求，针对综合体、产业园等重点关注的区域，分析停车需求点，为设置临时停车点、固定停车位以及违法停车执法等提供业务分析支持。

2）面向交通运输厅（局、委）等客户

（1）提供编制交通运输报告的相应数据支持（月报、季报等）。

（2）交通运行状况监测（通过公共服务平台），针对拥堵道路开展交通拥堵特征分析。

（3）结合特定科室的需求，提供数据分析服务。例如：

对于规划科：提供面向规划方案编制的现状需求及运行状况分析、建设工程实施效果评估服务。

对于陆运科：提供面向公交线网调优的现状通勤/非通勤需求分析服务；面向重要枢纽站场、重点片区设施规模测算、接驳运力规划（含公交、地铁、出租汽车等运力）的通勤/非通勤需求分析以及周边路网运行状况分析服务。

对于规划建设中心：提供现状交通拥堵问题分析报告，包括交通拥堵点、通勤需求集中区域等。

对于城市道路科及其他科室：提供面向停车运营管理（停车政策制定、停车位规划建设）的通勤/非通勤、驾车导航需求分析服务。

（4）定期与其他业务科室交流，收集需求，创新应用场景。

3.1.3 其他增值服务

1）系统功能迭代

根据各地客户的普遍新增需求，结合高德地图产品迭代节奏，尽可能持续迭代功能、免费升级功能项、创新应用场景。

2）交流沙龙

（1）定期组织学术沙龙、线上线下公开课等形式的交流活动；

（2）不定期联合国内交通行业知名高校教授、研究者、资深从业者等，开展产、学、研培训或交流活动；

（3）不定期组织客户开展考察交流，包括但不限于高德地图北京总部、阿里杭州总部、国内各大高校、圈内优秀智慧交通项目等，积极推动行业交流。

3）项目策划立项支持

结合客户日常工作中遇到的实际问题、业务难点等，主要以项目制形式，提供数据分析支持，并且共同策划相关项目落地，包括但不限于信号配时服务、交通组织优化、政策研究等。

3.2 为惠州交通局量身打造的运营服务模式

惠州市交通局基于"智慧交通、赋能服务"的工作理念，搭建自有数据运营服务团队，利用高德地图"城市交通评诊治智能决策 SaaS 系统"，结合行业数据，开展日常数据监测、分析、报告，快速高效地提供数据分析结论，支持日常管理决策。同时，这一工作理念也符合"党管数据，专业运营，实战管用"的管理理念，将党的领导和专业运营有机结合起来，实现数据化管理和实战应用，促进交通治理工作的高效运行和持续发展。

3.2.1 主要做法

（1）组织模式：探索形成"局领导-业务科室-执行单位"的三级指挥架构，通过局党组会审议惠州市综合交通网络运行协调与应急调度中心（简称"惠州市TOCC平台"）运行月报，践行了党对数字政府建设工作的领导。

（2）建设模式：采用承建单位先行投资建设并持续优化业务需求、政府分期支付的建设模式，有效减轻了财政前期资金压力，解决了信息化系统不实用的问题。

（3）运营模式：本地专业团队进驻指挥中心和主动对接业务科室，开创了信息化系统使用的新模式，有效解决了信息化系统建成后无人用、不好用的问题。

（4）技术模式：建成统一的数据中心，实现数据的集中接入、分析、共享和开放，有效解决了信息化系统普遍存在的数据孤岛问题。

（5）业务模式：明确科室对业务数据的主体责任，提升惠州市TOCC平台实战应用水平，打造地级市交通数据治理和应用示范。

3.2.2　三级管理体系

三级管理体系如图3-1所示，三个层级如下：

（1）指挥层：局领导。

（2）管理层：业务科室。

（3）执行层：事务中心、县（区）交通局、相关企事业单位。

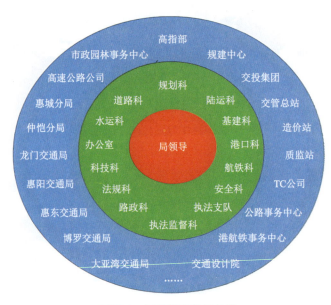

图3-1　三级管理体系结构

3.2.3　"633"运营模式

"633"运营模式如图3-2所示，特征如下：

（1）互为 A、B、C 岗，保证服务质量。
（2）综合交通的数据及应用"联络员"。

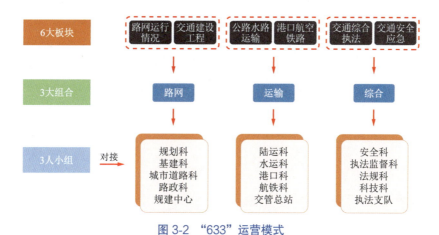

图 3-2 "633" 运营模式

第 4 章

交通评诊治系统应用案例

4.1 优秀应用案例合作伙伴

聚焦于城市交通总体运行状况及目前业务上遇到的一些问题，高德地图"评诊治"智能决策 SaaS 系统为交通管理者进行交通治理决策提供数据支持和智能一体化解决方案。

根据近几年的交管部门数据结合高德地图目前在国内拥有的数据优势，依赖海量的用户 GPS 数据回传，实现了高准确度和高覆盖的路况服务。高德地图拥有全国几乎所有城市全域、全方式、全过程、全设施的交通大数据，为进一步提升交通管控效率与水平，针对目前行业痛点，结合与惠州市交通运输局、西安市交通信息中心等合作开展的实战项目案例，总结优秀经验（图 4-1）。

a) 惠州市交通运输局　　　　　　　　b) 西安市交通信息中心

图 4-1　优秀经验应用案例合作伙伴

4.2 部分数据应用场景经验简介

4.2.1 与惠州市交通运输局合作

1. "一网统管"数据应用经验

以数据链为主线，开展"业务数据化、数据业务化"，加强数据分析，推进数据可视化呈现与解读，编撰交通运行报表，加强社会治理"一网统管"的数据支撑，并结合惠州市交通运输局数据资源和业务应用基础与特点，进一步加强特色数据应用探索。

立足惠州交通新发展阶段，以政务服务数据运营新思路新举措支撑提升"一网统管"下的交通治理能力现代化，重点围绕交通运输管理全业务链条，综合交通大数据开展分析应用探索，全方位赋能行业监管和辅助决策。以惠州市 TOCC 平台交通监测数据和高德评诊治数据为基础，识别城市交通拥堵规律，开展交通建设项目工程实施效果监测，为交通规划编制、交通项目实施计划制定及工程实施效果评价提供数据参考；开展多元数据分析，支撑公交线网精准优化和停车资源高效配置。

2. 数据应用场景简介

围绕交通规划、工程建设和运输管理三大主要场景展开（图 4-2），具体内容如下。

图 4-2　数据应用三大主要场景

1）交通规划

（1）交通拥堵规律识别：以惠州市 TOCC 平台和高德地图评诊治数据，以及对路网、路段、交通节点等多层次多维度的交通监测数据为基础，识别城市交通拥堵规律，为交通规划编制和制定交通项目实施计划提供数据参考。

（2）三环内快速进出城路网规划：以惠城区三环区域内上高速公路最短时间为监测指标，分析平峰和高峰时段时空分布特征，为全面客观服务三环区域内快速进出城路网规划建设提供参考。

（3）6 条跨东江桥梁通勤监测：基于惠州市 TOCC 平台和高德地图评诊治交通数据，并且结合交警卡口流量监测数据，对比分析惠城中心区 6 条跨东江桥梁早晚高峰时段的日均驾车通勤量及日均卡口过车量情况，为惠城中心区过江通道规划建设提供数据参考。

（4）仿真研判金山匝道建设效果：开展重点工程实施效果运行监测，基于大数据分析建立交通仿真模型并进行评估，利用交通仿真技术研判金山大桥匝道项目建设的效果。

（5）研判鹅城大桥建设对东江大桥的分流作用：研判鹅城大桥建成后对东江大桥早晚高峰时段交通流的分流情况。

2）工程建设

（1）金龙大道快速化改造工程：跟踪监测金龙大道快速化改造项目通车后平日及节假日运行情况，为工程实施效果及评价提供数据参考。

（2）金山大桥匝道：开展重点工程实施效果运行监测，金山大桥与惠沙堤二路交叉口匝道新建工程治堵效果后评价。

3）运输管理

（1）公交线网优化：聚焦市民出行需求，以惠州市 TOCC 平台通勤数据和高德地图评诊治数据支撑精准优化公交线网。

（2）助力公交优先：交通交警部门数据联动，根据公交车辆通行数量，优化红绿灯信号配时，助力公交优先。

（3）定制公交服务：聚焦学生离校出行需求，提取出行规律和特点，为定制公交服务提供有力的数据支撑，实现高效的出行服务。

（4）停车数据分析：试点开展智慧停车场服务区域数据分析，以精准数据支撑智慧停车楼的运营。

4.2.2　与西安市交通信息中心合作

1）助力《西安市交通优化提升监测月报》编制

《西安市交通优化提升监测月报》以西安市交通运输行业数据资源为依托，结合高德评诊治的交通路况数据，对城市路网、公共交通、城市道路、学校医院周边道路、高速公路以及节假日等全市交通运行情况进行数据监测分析，完成从人工预测分析到数据监控的量化感知，助力管理者识别城市交通拥堵规律、公共交通运行规律等，为管理者强化城市交通运行监测分析、提高城市综合交通出行效率、制定全方位治理方案提供数据参考与支撑。

该月报通过对交通运行态势进行分析挖掘，为市领导、行业各主管处室领导等提供交通运输各领域发展情况、交通运行状态与交通保障情况。每月定期呈报市委市政府主要领导，并下发至各区县，由各区县对每月拥堵排名前十的路段进行拥堵原因分析及精准治理，并在下期月报中进行反馈。该月报自 2020 年 5 月编制以来，不断受到各级领导的关注和好评。在 2022 年第 6 期月报上，西安市委书记方红卫同志批示"这个分析很好"。

2）助力西安市综合交通信息服务平台建设

西安市综合交通信息服务平台（简称"西安市 TOCC 平台"）是一个集全市交通运行实时监测、行业管理、辅助决策、出行服务于一体的综合交通信息平台。目前西安市 TOCC 平台已完成了轨道交通、地面公交、出租汽车、两客一危、公共自行车、国省干线、高速公路及城市路网等 16 个领域 300 多亿条数据资源及约 16 万路视频的接入，实现了交通运输资源"一张图"可视化展示，并利用大数据分析技术，对行业的运行数据进行分析研判，为行业管理和决策提供真实可靠的数据支撑，为公众出行提供一体化智慧服务。西安市 TOCC 平台建成后，受到部、省、市各级领导好评，先后荣获"2020 年数字西安建设"优秀成果奖和陕西省"十三五"交通运输科技成果展二等奖。依托西安市 TOCC 平台所建设的"十四运省、市交通组织保障调度指挥中心信息平台"荣获"2021 年数字西安建设优秀成果和最佳实践案例"。

西安市 TOCC 平台的城市路网板块以平台监测数据和高德评诊治数据为基础，实时监测西安市交通运行情况、拥堵区域及路段等，分析城市交通拥堵规律以及限行、天气等因素对交通指数的影响等，为交通规划编制、交通管理措施制定等提供数据支撑。

3）助力重大活动保障

依托西安市 TOCC 平台所汇聚的交通行业数据资源和高德评诊治系统的交通路况数据、全量 OD 数据，在重大活动期间，西安市交通信息中心实时监测活动周边路况、地铁客流及公交、出租汽车、网约车等运力供给情况，并通过视频实时查看现场客流情况，定时发送交通运行监测情况快报，便于交通领域各主管部门精准掌握现场路况、客流和运力供给情况，及时制定优化方案，进行运力调整及交通调度。

西安市 TOCC 平台建成后，先后助力第十四届全国运动会、TFBOYS 十年之约演唱会、五月天 2023 年"好好好想见到你"西安演唱会及西安交响乐团户外公演等重大活动交通运输服务保障工作。同时，还在节假日、旅游高峰期、极端天气等重点时段，对大唐不夜城、兵马俑、两站一场等重点区域的交通运行情况进行实时监测。

第 5 章

惠州市交通运输局项目

5.1 交通规划

5.1.1 交通拥堵规律识别

精选案例一　城市路网宏观运行监测

方法论

基于高德地图城市交通"评诊治"智能决策 SaaS 系统对城市路网、路段、交通节点等多层次多维度的历史监控信息，通过系统的交通运行诊治功能，监控历史的道路运行情况，预测研判未来路网状态，从人工到数据的量化感知，可助力交通运输管理部门识别城市交通运行和拥堵规律，为管理部门强化交通治堵分析、制定合理有效的交通拥堵疏导策略提供数据参考。

实战方案

1. 项目背景

近年来，随着城市的发展，城市交通拥堵问题也越来越严重，每天早晚高峰拥堵已成为困扰公众的民生问题之一。解决城市交通拥堵问题，必然要先了解城市的路网运行情况，知晓哪里堵、什么时候堵、什么原因堵，所以对城市路网宏观运行监测至关重要。高德地图开发的评诊治系统可以提供精准的城市路网监测数据，惠州市交通运输局使用该系统对市域、区县、镇/街道开展了拥堵延时指数的监测，得以实时、快速、精准地了解城市问题。

2. 监测分析

1）市域拥堵延时指数

通过评诊治系统的"交通运行诊治"功能模块，对惠州市交通运行情况扫描分析，整理出全市工作日早晚高峰时段拥堵延时指数月变化情况（图5-1），2022年8月，惠州市工作日早晚高峰时段路网总体运行情况良好，其中早高峰时段拥堵延时指数1.27（畅通），晚高峰时段拥堵延时指数1.45（畅通），整体拥堵趋势较为平稳。

图5-1　惠州市工作日早晚高峰时段拥堵延时指数月变化情况

评诊治系统的"交通运行诊治"功能模块，可根据需要，查询时间段内工作日或节假日的交通健康指数、流量均衡性、驾车活力指数、拥堵时段，以及早晚高峰平均车速、早晚高峰拥堵延时指数等数据信息（图5-2），可以全面、深入地了解城市路网运行状况。

图5-2　交通运行诊治模块查询结果图

省内数据对比：2022年8月，惠州市工作日早高峰时段拥堵延时指数（按从高到低排序）在广东省21个地级市中排名第9，晚高峰时段排名第9（图5-3～图5-6）。

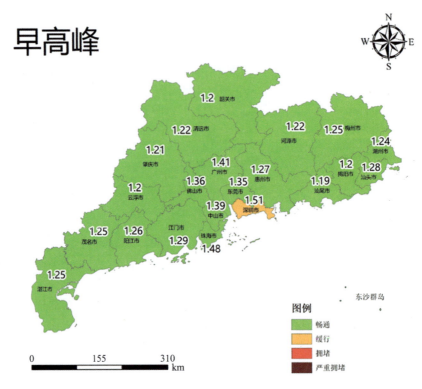

图 5-3　广东省各地级市工作日早高峰时段拥堵延时指数情况

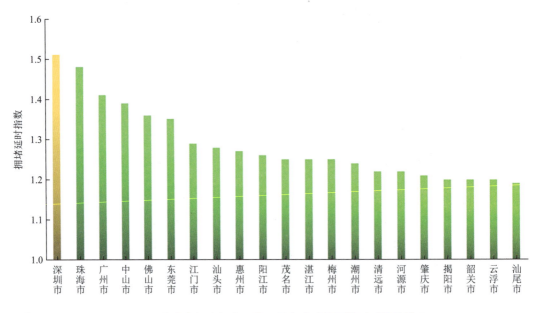

图 5-4　广东省各地级市工作日早高峰时段拥堵延时指数情况

第 5 章　惠州市交通运输局项目

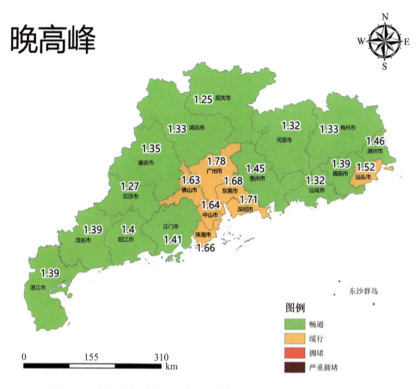

图 5-5　广东省各地级市工作日晚高峰时段拥堵延时指数情况

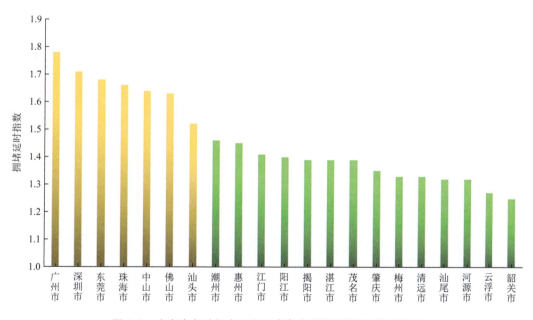

图 5-6　广东省各地级市工作日晚高峰时段拥堵延时指数情况

评诊治系统不仅可以提供月级的数据，还可以提供天级、小时级以及自定义时间段的数据。通过统计可以清晰地看到，2022 年 8 月，惠州市早晚高峰时段最拥堵的一天为 8 月

043

4 日,拥堵延时指数为 1.44(图 5-7)。

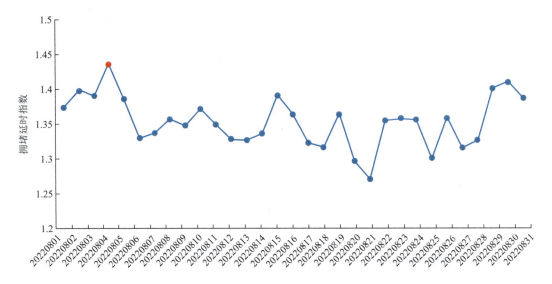

图 5-7　2022 年 8 月惠州市早晚高峰时段拥堵延时指数日变化情况

使用评诊治系统的交通运行诊治功能,可以精准地了解每个时刻拥堵延时指数以及平均速度(图 5-8)。2022 年 8 月,惠州市最拥堵的时刻为 18:00,平均拥堵延时指数 1.50(图 5-9)。

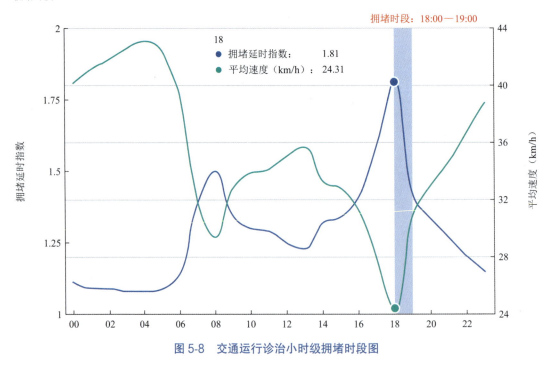

图 5-8　交通运行诊治小时级拥堵时段图

第 5 章 惠州市交通运输局项目

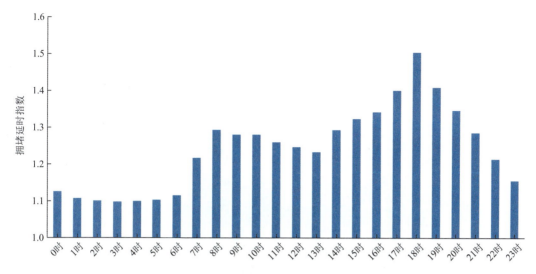

图 5-9 2022 年 8 月惠州市拥堵延时指数各时段变化情况统计图

2）区县拥堵延时指数

评诊治系统不仅可以提供市级的数据，还可以提供区县级别的数据，可以精准地展示出各区县的交通运行情况。

惠州市交通运输局使用评诊治系统的交通运行诊治功能，得到拥堵延时指数数据，经过统计分析得出，2022 年 8 月全市各县区工作日早晚高峰拥堵延时指数情况（图 5-10 和图 5-11）。2022 年 8 月，惠州市各区（县）工作日早高峰时段路网运行畅通（拥堵延时指数均低于 1.5），拥堵延时指数由高到低排名为：惠城区（含仲恺区）、惠阳区（含大亚湾区）、博罗县、龙门县和惠东县；晚高峰时段惠城区路网呈缓行状态（惠城区拥堵延时指数高于 1.5），其他区（县）路网运行畅通，拥堵延时指数由高到低排名为：惠城区、惠阳区、博罗县、惠东县和龙门县。

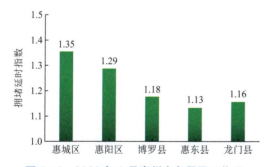

图 5-10 2022 年 8 月惠州市各县区工作日早高峰拥堵延时指数情况

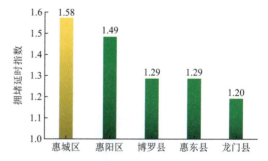

图 5-11 2022 年 8 月惠州市各县区工作日晚高峰拥堵延时指数情况

3）惠城区各镇（街）拥堵延时指数

2022 年 8 月，惠州市惠城区（含仲恺区）各镇（街）工作日早高峰时段有 2 个街道路网运行呈缓行状态，分别是桥西街道（拥堵延时指数 1.60）和桥东街道（拥堵延时指数 1.53）

各街道工作日早高峰拥堵延时指数情况如图 5-12、图 5-13 所示。

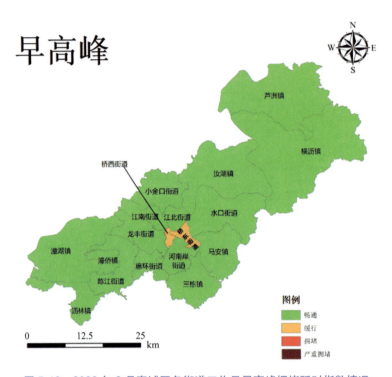

图 5-12　2022 年 8 月惠城区各街道工作日早高峰拥堵延时指数情况

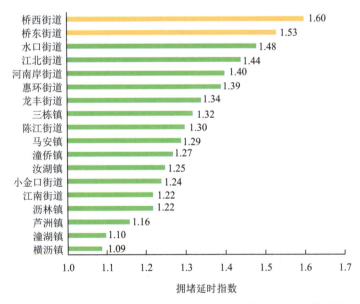

图 5-13　2023 年 8 月份惠城区各街道工作日早高峰拥堵延时指数情况

晚高峰时段有 3 个街道路网运行呈拥堵状态，分别是桥西街道（拥堵延时指数 2.16）、水口街道（拥堵延时指数 1.82）和江北街道（拥堵延时指数 1.80）；5 个街道路网运行呈缓行状态，分别是河南岸街道（拥堵延时指数1.76）、桥东街道（拥堵延时指数1.69）、龙丰街道（拥堵延时指数1.68）、陈江街道（拥堵延时指数1.56）和马安镇（拥堵延时指数1.52），如图5-14、图5-15所示。

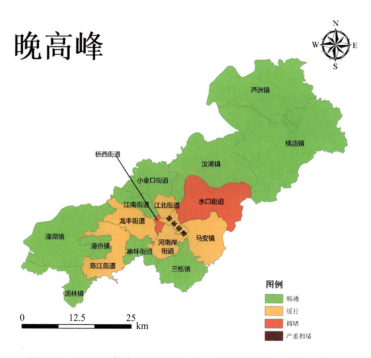

图5-14　8月份惠城区各街道工作日晚高峰拥堵延时指数情况

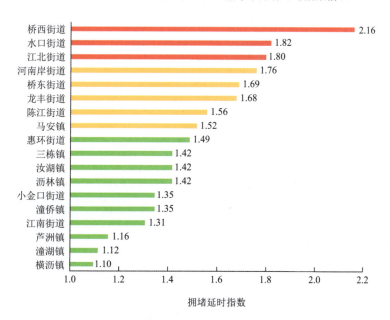

图5-15　8月份惠城区各街道工作日晚高峰拥堵延时指数情况

案例小结

通过高德地图评诊治系统，可以监测全市交通实际运行态势。以市县交通拥堵延时指数为监测指标，对惠州市路网进行宏观监测，有针对性地识别交通拥堵分布规律，能够全面地了解城市整体交通水平。根据获取的数据信息，可为交通运输管理部门强化交通治堵分析、制订区域交通秩序综合整治工作方案提供数据参考。

精选案例二 城市道路跟踪监测

方法论

基于高德地图评诊治系统提供的交通数据，按照"面—片—线—点"工作思路，对城市路网、路段、交通节点等开展多层次多维度的交通监控和研判。宏观上以市县交通拥堵延时指数为监测指标，微观上以市中心区拥堵路段和低服务水平路口为监测指标，本案例通过系统的路段诊治功能对路网运行态势开展监测分析，助力交通运输管理部门识别城市路段拥堵分布规律，对拥堵片区实行"网格化、分片式"管理。

实战方案

1. 项目背景

城市路网是城市的"血脉"，而道路拥堵等交通乱象就是血脉里的各种"栓塞"，为了保证城市健康，定期"体检"、及时发现城市拥堵道路、积极处理道路拥堵问题、缓解交通拥堵是交通运输管理部门处理交通问题的重中之重，惠州市交通运输局利用高德地图评诊治系统对全市路网、路段进行监测，识别拥堵规律，将问题路段划分区域并与当地公安交管部门联合解决，及时准确地治理拥堵道路，同时也可帮助出行者对行路线以及出行方式的选择作出决策。

2. 监测分析

1）早高峰拥堵道路情况

使用评诊治系统的路段诊治功能进行统计分析得到表 5-1，2022 年 8 月，惠州市惠城区工作日早高峰拥堵道路 14 条，主要分布在水口街道（5 条）、马安镇（2 条）和桥东街道（2 条），如图 5-16 所示。

2022 年 8 月惠城区工作日早高峰时段拥堵道路　　表 5-1

序号	道路名称	道路方向	所属街道	拥堵延时指数	速度（km/h）
1	东平大道	南向北	桥东街道	4.41	14.65
2	人民路	西向东	水口街道	1.98	24.77

续上表

序号	道路名称	道路方向	所属街道	拥堵延时指数	速度（km/h）
3	东湖西路	西向东	桥东街道	1.69	27.97
4	大岭路	东向西	龙丰街道	1.67	21.1
5	皇冠路	西向东	水口街道	1.67	24.66
6	麦地路	东向西	桥西街道	1.62	26.64
7	下角中路	北向南	江南街道	1.62	20.32
8	三环南路	东向西	河南岸街道	1.61	37.05
9	新乐路	南向北	马安镇	1.57	24
10	人民路	东向西	水口街道	1.56	31.62
11	云山东路	东向西	江北街道	1.54	34.37
12	东昇路	北向南	水口街道	1.54	20.23
13	东昇路	南向北	水口街道	1.53	20.65
14	新乐路	北向南	马安镇	1.53	23.99

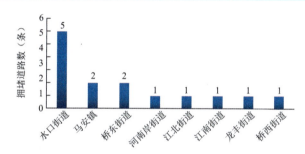

图 5-16　2022 年 8 月惠城区早高峰各街道拥堵道路数

如图 5-17 所示为高德地图评诊治系统路段诊治功能查询结果图，该图可直观地反映出问题路段的具体位置，点选图面上的问题路段，即可查看该路段小时级别、日级别的拥堵延时指数、平均运行速度趋势图（图 5-18），表 5-2 为早高峰前十拥堵道路详情表。

图 5-17　早高峰前十拥堵道路位置图

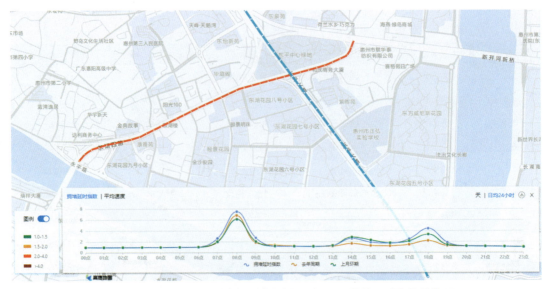

图 5-18　路段诊治——惠城区问题路段日均 24h 拥堵延时指数趋势图

早高峰前十拥堵道路详情表（以拥堵延时指数排序）　　　表 5-2

序号	道路名称	道路方向	所属街道	拥堵延时指数	速度（km/h）
1	东平大道	南向北	桥东街道	4.41	14.65
2	人民路	西向东	水口街道	1.98	24.77
3	东湖西路	西向东	桥东街道	1.69	27.97
4	大岭路	东向西	龙丰街道	1.67	21.1
5	皇冠路	西向东	水口街道	1.67	24.66
6	麦地路	东向西	桥西街道	1.62	26.64
7	下角中路	北向南	江南街道	1.62	20.32
8	三环南路	东向西	河南岸街道	1.61	37.05
9	新乐路	南向北	马鞍镇	1.57	24
10	人民路	东向西	水口街道	1.56	31.62

　　由高德地图数据支撑的城市评诊治系统"路段诊治"功能，可以监测城市道路的拥堵情况，用户可查询城市或行政区域某一段时间内，区分"节假日或工作日"早晚高峰的道路情况，包括拥堵道路、变堵道路、速度高偏差率、常发道路等各类型道路的拥堵情况以及平均运行速度等信息（图 5-19）。通过图面点选道路，可以直接查看路段的拥堵延时指数、平均速度等信息，同时右侧列表也会定位到该条道路数据，点击时空诊断后还可查看该条道路的瓶颈点热力图、路口失衡、路口溢出等信息。

图 5-19 路段诊治结果图

2）晚高峰拥堵道路情况

2022 年 8 月，惠州市惠城区工作日晚高峰拥堵道路 65 条，具体道路见表 5-3，主要分布在桥西街道（12 条）、桥东街道（12 条）和江北街道（12 条）（图 5-20）。图 5-21 为晚高峰前十拥堵道路位置图，详情见表 5-4。

8 月份惠城区工作日晚高峰时段拥堵道路　　　　表 5-3

序号	道路名称	道路方向	所属街道	拥堵延时指数	速度（km/h）
1	文昌一路	西向东	江北街道	3.87	12.51
2	麦地路	西向东	桥西街道	2.77	15.99
3	麦地路	东向西	桥西街道	2.51	17.24
4	人民路	西向东	水口街道	2.38	20.56
5	皇冠路	东向西	水口街道	2.38	16.78
6	东湖西路	西向东	桥东街道	2.33	20.25
7	鹅岭西路	西向东	龙丰街道	2.32	22.19
8	东平大道	南向北	桥东街道	2.19	29.57
9	文华一路	西向东	江北街道	2.18	19.53
10	人民路	东向西	水口街道	2.13	23.09
11	云山东路	东向西	江北街道	1.99	26.61
12	东坡路	北向南	桥东街道	1.98	17.25
13	文明一路	北向南	江北街道	1.97	22.84

续上表

序号	道路名称	道路方向	所属街道	拥堵延时指数	速度（km/h）
14	新乐路	南向北	马安镇	1.96	19.22
15	东昇路	北向南	水口街道	1.92	16.17
16	三环路（从三环东路到乌石四路）	东向西	江北街道	1.92	29.89
17	演达一路	西向东	河南岸街道	1.9	19.9
18	三环路（从乌石思路到三环东路）	西向东	江北街道	1.88	29.37
19	古塘坳大道	南向北	龙丰街道	1.86	25.35
20	三环南路	西向东	河南岸街道	1.85	33.69
21	大岭路	东向西	龙丰街道	1.85	19.1
22	三环南路	东向西	河南岸街道	1.83	32.65
23	三新南路	西向东	江北街道	1.78	29.16
24	新乐路	北向南	马安镇	1.78	20.6
25	长湖东路	南向北	桥东街道	1.74	31.44
26	南岸路	北向南	河南岸街道	1.73	23.09
27	东平大道	北向南	桥东街道	1.73	38.13
28	白泥路	东向西	河南岸街道	1.72	23.13
29	湖溪大道	北向南	水口街道	1.72	19.64
30	文昌一路	东向西	江北街道	1.71	28.18
31	德政大道	北向南	水口街道	1.71	17.89
32	东升二路	北向南	桥东街道	1.7	21.63
33	长湖东路	北向南	桥东街道	1.69	32.79
34	金山大道	南向北	河南岸街道	1.68	37.51
35	下角中路	北向南	江南街道	1.67	19.73
36	下角中路	南向北	江南街道	1.66	20.36
37	东昇路	南向北	水口街道	1.66	19.07
38	鹅岭南路辅路	南向北	龙丰街道	1.66	25.46
39	滨江西路	北向南	桥西街道	1.66	23.83
40	金榜路	西向东	龙丰街道	1.66	34.02
41	旭日二路	西向东	桥东街道	1.65	22.59
42	金龙大道	北向南	小金口街道	1.63	26.93
43	惠沙堤一路	东向西	桥西街道	1.62	23.38

续上表

序号	道路名称	道路方向	所属街道	拥堵延时指数	速度（km/h）
44	环城西路	南向北	桥西街道	1.62	24.59
45	南岸路	南向北	河南岸街道	1.62	24.63
46	鹅岭南路	南向北	龙丰街道	1.61	31.48
47	麦岸路	西向东	桥西街道	1.6	20.23
48	惠沙堤二路	西向东	桥西街道	1.6	29.58
49	新湖一路	东向西	江北街道	1.6	25.74
50	东湖西路	东向西	桥东街道	1.59	26.2
51	惠沙堤一路	西向东	桥西街道	1.57	23.3
52	环城西路	北向南	桥西街道	1.57	26.19
53	鳄湖路	北向南	龙丰街道	1.56	33.22
54	花边南路	南向北	桥西街道	1.54	22.25
55	水口大道	北向南	水口街道	1.54	25.97
56	四环南路	西向东	三栋镇	1.54	41
57	东升二路	南向北	桥东街道	1.52	24.11
58	东升一路	南向北	桥东街道	1.52	22.82
59	文明一路	南向北	江北街道	1.52	28.92
60	滨江东路	西向东	桥西街道	1.51	26.41
61	西堤路	西向东	桥西街道	1.51	20.01
62	江东大道	北向南	桥东街道	1.51	36.64
63	三环北路	西向东	江北街道	1.51	36.45
64	云山西路	西向东	江北街道	1.5	29.7d
65	演达一路	东向西	河南岸街道	1.5	24.37

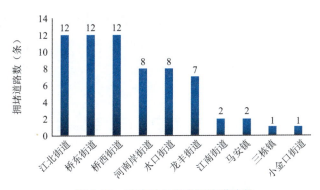

图 5-20　晚高峰各街道拥堵道路数

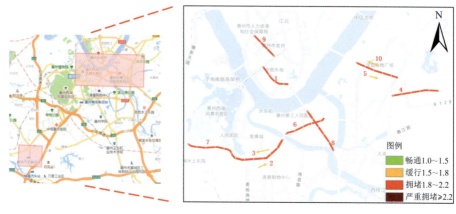

图 5-21　晚高峰前十拥堵道路位置图

晚高峰前十拥堵道路详情表（以拥堵延时指数排序）　　　表 5-4

序号	道路名称	道路方向	所属街道	拥堵延时指数	速度（km/h）
1	文昌一路	西向东	江北街道	3.87	12.51
2	麦地路	西向东	桥西街道	2.77	15.99
3	麦地路	东向西	桥西街道	2.51	17.24
4	人民路	西向东	水口街道	2.38	20.56
5	皇冠路	东向西	水口街道	2.38	16.78
6	东湖西路	西向东	桥东街道	2.33	20.25
7	鹅岭西路	西向东	龙丰街道	2.32	22.19
8	东平大道	南向北	桥东街道	2.19	29.57
9	文华一路	西向东	江北街道	2.18	19.53
10	人民路	东向西	水口街道	2.13	23.09

案例小结

高德地图评诊治系统以海量数据为支撑，通过路段诊治功能，精准反映出区县的道路拥堵情况，帮助公安交管部门对城市路网交通状态进行判别和监控，不仅为交通运输管理部门提供科学的管理依据，缓解交通拥堵，同时也为出行者提供道路交通状况信息，有利于出行者做出行路线以及出行方式选择的决策。

精选案例三　路口运行跟踪监测

方法论

城市热点路口综合诊治是为了进一步破解交通治理的难题，高德地图评诊治系统下的

"路口交通评诊"源于高德地图动态位置信息数据,建立以排队长度、停车次数、停车延误三个指标为主体的路口指标体系,根据延误指数将路口问题诊断分类特征识别,分为路口溢出、路口失衡、右转低效、转向失衡和转向朝夕等多个标签的问题路口,为交通运输管理部门提供了评、诊、治以及后评估的闭环分析治理思路。

本案例基于高德地图评诊治系统的路口失衡运行指标[①]对全市整体低服务水平的早、晚高峰路口持续跟踪监测,实现了从人工分析向系统智能诊治分析的转变,提升了速度与质量。助力交通运输管理部门识别城市拥堵路口规律并进行诊治分析,为精准化综合施策提供数据评估依据。

实战方案

1. 项目背景

随着经济的逐步繁荣,城市道路的车流量越来越大。城市路口的运行跟踪监测变得越来越重要,实现城市道路现代化的监测管理成为公安交管部门的重中之重。通过交通监测跟踪管理,直观地了解到主要交通街道路口低服务水平时,交通管理部门可以根据监测运行反馈信息,对某些道路较大车流量做出科学的研判分析,结合高德地图评诊治系统诊断及治理建议,提出指挥、调度和处理方案,从而减少阻塞,保证道路交通畅通,实现城市交通管理的智能化。

2. 监测分析

依托高德地图评诊治系统中"交通精细诊治"下的"路口诊治"模块数据监测功能,选取惠州市惠城中心区 2022 年 9 月工作日早晚高峰时段的低服务水平路口进行监测,其中早高峰时段低服务水平路口 25 个,晚高峰时段低服务水平路口 41 个(图 5-22)。

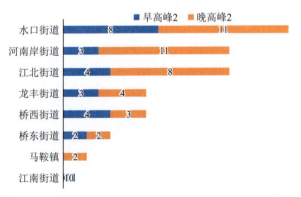

图 5-22 惠城中心区各街道早晚高峰低服务水平路口情况

---

① A~F 代表路口服务水平,A 为最优,F 为最差。

（1）惠城中心区早高峰25个低服务水平路口按数量由高到低主要分布在水口街道（8个）、江北街道（4个）、桥西街道（4个）、河南岸街道（3个）、龙丰街道（3个）、桥东街道（2个）和江南街道（1个）（图5-23、表5-5）。

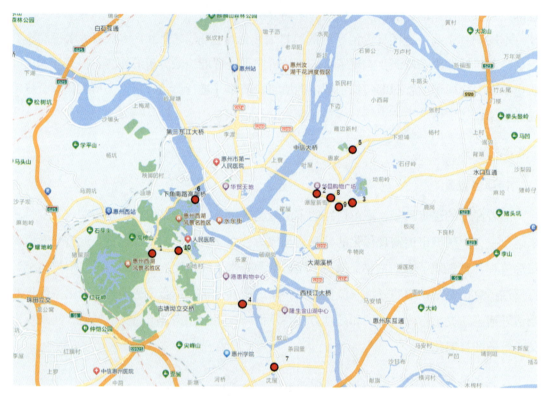

图 5-23 早高峰低服务水平路口前十位置图

早高峰低服务水平路口前十详情表　　　　　　　　　　　　表 5-5

序号	路口描述	所属街道	服务水平
1	大岭路与红花湖路路口	龙丰街道	F
2	人民路与龙湖大道路口	水口街道	F
3	皇冠路与德同路路口	水口街道	F
4	三环南路与南岸路路口	河南岸街道	F
5	东江大道与龙湖大道路口	水口街道	F
6	下角东路与环城西路路口	桥西街道	F
7	四环南路与金山大道路口	河南岸街道	E
8	人民路与三环东路路口	水口街道	E
9	皇冠路与德政大道南路口	水口街道	E
10	鹅岭西路辅路与鹅岭北路路口	桥西街道	E

（2）惠城中心区晚高峰 41 个低服务水平路口按数量由高到低主要分布在水口街道（11 个）、河南岸街道（11 个）、江北街道（8 个）、龙丰街道（4 个）、桥西街道（3 个）、桥东街道（2 个）和马安镇（2 个）（图 5-24、表 5-6）。

图 5-24　晚高峰低服务水平路口前十位置图

晚高峰低服务水平路口前十详情表　　　　　　　　　表 5-6

序号	路口描述	所属街道	服务水平
1	四环南路与金山大道路口	河南岸街道	F
2	人民路与龙湖大道路口	水口街道	F
3	东江大道与龙湖大道路口	水口街道	F
4	三环南路与南岸路路口	河南岸街道	F
5	人民路与三环东路路口	水口街道	F
6	大岭路与红花湖路路口	龙丰街道	F
7	皇冠路与德政大道南路口	水口街道	F
8	和地路与南岸路路口	河南岸街道	F
9	共联路辅路与惠新大道辅路路口	龙丰街道	F
10	龙湖大道与三环东路路口	水口街道	F

案例小结

惠州市早晚高峰时段服务水平低的路口主要集中在水口街道、河南岸街道、江北街道、龙丰街道和桥西街道。高德地图评诊治系统中"交通精细诊治"下"路口诊治"模块从需求层面入手,主要用于从宏观和中观层面对城市/行政区范围内的交通拥堵进行监测,其中市县交通拥堵延时指数为监测指标。微观上以惠城中心区低服务水平路口为监测指标,对路网运行态势开展监测分析,识别交通拥堵分布规律。

精选案例四 高速公路跟踪监测

方法论

基于高德地图评诊治系统和高德地图智慧交通公共服务平台的数据监测诊断分析能力,对惠州市高速公路的拥堵、流量、事件数据、OD(起讫点)溯源、收费站监控等展开多维度交通监测。实现从对信息进行实时分析、处理和预测,采取有效的交通控制措施,到预防可能发生的交通事件、事故和阻塞,有效进行缓解和排除。通过识别高速公路通行和拥堵规律,对研判效果进行统计分析,为交通运输管理部门进行综合交通运行监测、评估和制订交通组织调整与优化方案提供数据支撑。

实战方案

1. 项目背景

随着人口高速增长和流动,高速公路成为人们出行的重要途径之一,在人员的跨区域流动中发挥着日益重要的作用。高速公路运行监测是高速公路实现安全、高效、节能及环保运行的重要手段,为高速公路行驶车辆快速、安全、舒适、高效运行提供了保障。

2. 监测分析

关注高速公路路网运行态势,识别国庆假期拥堵规律。本书选取 2022 年国庆节期间市域高速公路、收费站以及市区周边国道干线运行情况进行监测分析,利用高德地图评诊治系统中"运行跟踪评价"下的"实施效果监测"模块数据监测功能进行数据监测分析。

1)高速公路运行情况

国庆节期间[①],市域高速公路平均拥堵延时指数为 1.18(2021 年同期为 1.18),整体运

---

① 2022 年国庆节期间:统计时间选取为 2022 年 9 月 30 日至 10 月 7 日。

行畅通；共发生高速公路拥堵事件①353次，对比2021年同期拥堵事件(644次)减少45.19%（图5-25）。

图5-25　国庆节期间高速公路拥堵延时指数及拥堵事件日变化情况

（1）从时间分布看：

2022年9月30日开始出现拥堵，高速公路拥堵主要集中在9月30日至10月2日（国庆节当天高速公路平均拥堵延时指数达1.83，呈缓行状态），10月5日出现返程高峰，拥堵事件数和拥堵延时指数较前两天有小幅上升。高速公路拥堵事件主要分布在9月30日15点到23点，10月1日0点到7点，全市高速公路拥堵事件最集中的时刻为10月1日0点(图5-26)。

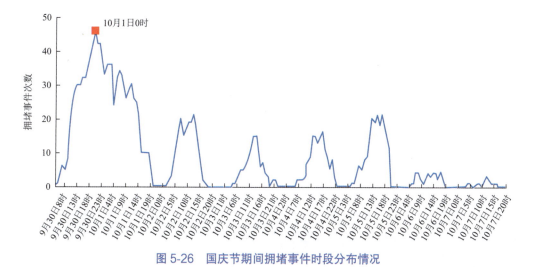

图5-26　国庆节期间拥堵事件时段分布情况

（2）从拥堵路段集中程度看：

全市高速公路拥堵路段主要集中在G0422武深高速公路（西南向东北：博罗立交往平安服务区路段）、G1523甬莞高速公路（西向东：大岭立交往多祝服务区路段）、G1523甬

---

① 高速公路拥堵事件：将高速公路最拥堵长度3km及以上且拥堵时间30m及以上的事件作为研究对象。

莞高速公路（西向东：多祝服务区往汕尾方向）、G25长深高速公路（西南向东北：珠田立交往小金口立交路段）和S6广龙高速公路（西向东：水面岭立交往河源方向）等，全市拥堵严重程度前五位的事件中平均最大拥堵长度为20.3km，平均拥堵时间29.5h（图5-27）。

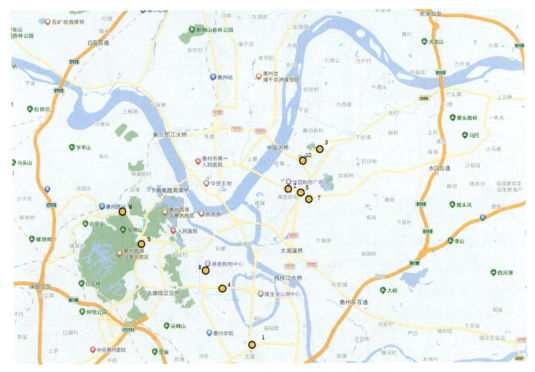

图5-27　国庆节期间高速公路拥堵路段分布图

（3）从拥堵方向变化看：

2022年9月30日至10月2日，高速公路主要拥堵方向为西向东或南向北，车流主要往河源和汕尾方向；10月3日以后，高速公路主要拥堵方向为东向西或北向南，车流主要往广州、东莞、深圳和惠州市区方向。

2）市区周边高速公路收费站运行情况

国庆节期间，市区周边车流最大的高速公路收费站是小金口收费站（G25长深高速公路往长春方向），其他收费站整体运行畅通。

3）市区周边国道干线运行情况

国庆节期间，市区周边国道干线整体运行畅通。拥堵主要发生在金龙大道（南向北）博罗小金路段、金龙大道（南向北）接金龙互通路段、惠州大道（东向西）惠州市第一人民医院小金口分院至小金河大道路段，以及惠州大道（西向东）小金口收费站出口至小金河大道路段（表5-7）。

	国道干线运行情况			表 5-7
序号	路段名称	开始时间	拥堵时长（h）	最拥堵长度（km）
1	金龙大道（南向北）博罗小金路段	2022-10-01 04:31	15	3.5
2	金龙大道（南向北）接金龙互通路段	2022-10-01 04:06	12	2.8
3	惠州大道（东向西）惠州市第一人民医院小金口分院至小金河大道路段	2022-10-01 08:52	3.5	2
4	惠州大道（西向东）小金口收费站出口至小金河大道路段	2022-10-01 07:57	5.9	1.7

案例小结

针对高速公路，通过高德地图互联网数据平台实时监测道路运行指数变化情况，可以及时发现拥堵路段，并预测未来交通状况，为交通管理决策提供有效参考。同时，历史数据同期对比可以帮助交通管理部门了解国庆期间交通运行的长期趋势，提前制定应对措施。提升高速公路运营效率，缓解拥堵状况。

5.1.2 快速进出城路网监测

精选案例 三环内快速进出城路网监测

方法论

强化数据赋能，支撑规划建设。高德地图评诊治系统提供的交通数据，可以精准地监测车辆出行规律、车辆行驶时间规律。通过获取的驾车路线规划数据，深入挖掘车辆行驶里程分布特性，利用可视化手段识别研究区域到高速公路的时空分布特征，可以为交通运输管理部门进行快速路网规划和建设提供可靠的数据支撑，对已建设的交通项目进行跟踪和效果评估。

实战方案

1. 项目背景

为进一步提升惠城中心区进出城交通效率，更好地推动城市建设和产业发展，惠州市交通运输局启动"惠城中心区快速进出城交通详细规划"，部分项目已落地。通过高德地图评诊治系统驾车路线规划的数据能力，对从三环内驶上高速公路车辆的行驶时间规律、出行距离进行监测分析，挖掘从三环内驶上高速公路车辆的时空分布特征，辅助支撑快速路网规划建设，并可对项目实施的效果进行精准评估。

1）规划目标

串联城市中心区主要城市功能组团和产业片区，提升路网能级，实现惠城中心区与高速公路出入口 15min 内连通，保障城市快慢交通出行安全，满足建设更加幸福城市的交通中长期发展需要。

2）规划方案

打造内畅外联的路网系统，协同空间轴线、既有路网条件和外部高速公路出入口位置，围绕惠城中心区构建"环＋放射状"的路网架构，形成"两环十射"的快速进出城路网体系（表 5-8）。

快速进出城路网体系规划方案　　表 5-8

通道类型		通道名称
两环	内环	二环路
	外环	四环路＋1 号公路（南北轴线） （1 号公路目前处于工可阶段）
十射	射线一	惠博大道（＋小金河大道） （小金河大道已按快速化标准建设中） （惠博大道由惠城区政府组织实施）
	射线二	金龙大道 （已按快速化标准建设中）
	射线三	惠民大道
	射线四	惠泽大道
	射线五	惠澳大道
	射线六	演达大道（拟新增南山快速路，具体方案另行专项研究）
	射线七	鹅岭南路（＋仲恺大道） （现状已基本快速化）
	射线八	金恺大道
	射线九	永联路
	射线十	江南大道 （基本建成通车）

2. 监测分析

1）三环区域周边收费站情况

惠州市三环区域周边收费站共有 13 个，分别是小金口收费站、金龙收费站、汝湖收费站、长湖收费站、水口收费站、惠州东收费站、沙奥收费站、惠南收费站、四环收费站、惠环收费站、白云前收费站、惠州收费站、惠州北收费站（图 5-28）。在东北方向，收费站距离三环区域较远，出城通道较少；而在南向出城方向，收费站距离较近且出城通道较多。

第 5 章　惠州市交通运输局项目

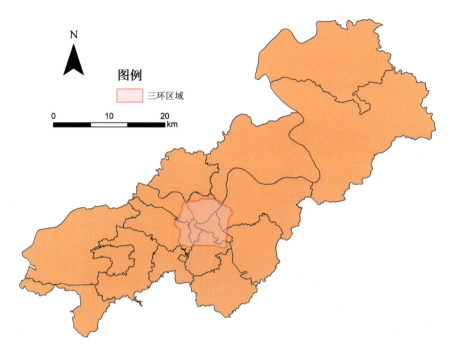

a) 三环区域

b) 周边收费站情况

图 5-28　三环区域及周边收费站情况

063

通过调用高德地图驾车路线规划的 api 接口，得到车辆出行数据，包括起点经纬度、出行时间、出行距离、收费站经纬度、到达收费站名称等指标项（表 5-9），通过指标数据，构建从三环区域内驶上高速公路的时间分布图，可以直观地展示路网交通流量的时间或空间分布特性，辅助交通运输管理部门了解和分析城市交通运行状况。

晚高峰时段去往白云前收费站的部分车辆出行数据　　　　表 5-9

起点经纬度	时间（s）	距离（m）	收费站经纬度	收费站
114.44660296，23.0787587406	1296	8683	114.387973413746，23.0458100659228	白云前收费站
114.413328042，23.0330822535	1233	8715	114.387973413746，23.0458100659228	白云前收费站
114.41569973，23.1640115583	2327	17899	114.387973413746，23.0458100659228	白云前收费站
114.349157901，23.072639303	1204	10782	114.387973413746，23.0458100659228	白云前收费站
114.431199832，23.11913040238	1991	11699	114.387973413746，23.0458100659228	白云前收费站
114.435649005，23.14177033640	2229	17165	114.387973413746，23.0458100659228	白云前收费站
114.479055175，23.1695524672	3408	21476	114.387973413746，23.0458100659228	白云前收费站
114.387470827，23.1093850644	1711	10831	114.387973413746，23.0458100659228	白云前收费站
114.343305216，23.1221870726	2080	16397	114.387973413746，23.0458100659228	白云前收费站

2）三环区域内驶上高速公路车辆出行情况的研判分析

基于高德地图评诊治系统的数据，以惠城区三环区域内驶上高速公路最短时间为监测指标，分析 2022 年 11 月 1 日—11 月 3 日的平峰和高峰时段时空分布特征。

（1）三环区域内驶上高速公路车辆时空分布。

在时段分布上：平峰时段，三环内 93% 的区域基本实现 15min 内驶上高速公路（图 5-29）；高峰时段 76% 的区域基本实现 15min 内驶上高速公路（图 5-30）。

在方向分布上：①南向出城方向上因距离高速公路收费站近，且出城通道多，驶上高速公路用时短；②北向出城方向随着金龙大道快速化改造和金龙互通建成通车，驶上高速公路用时相对较短；③西向出城方向除新联路外，通过江南大道、惠博大道驶上高速公路的收费站距离均较远，用时较长；④东向出城方向驶上高速公路的通道较少，普遍用时较长，其中东北向出城因惠泽大道尚未进行快速化改造用时最长。

（2）市政府到各收费站用时情况。

以市政府到环城高速公路各个收费站的时间为例，平峰时段，平均用时约 18min，往金龙收费站用时最短（约 13min），往惠南收费站用时最长（约 23min）；高峰时段，平均用时约 22min，往金龙收费站用时最短（约 15min），往水口收费站用时最长（约 29min），如图 5-31 所示。

第 5 章　惠州市交通运输局项目

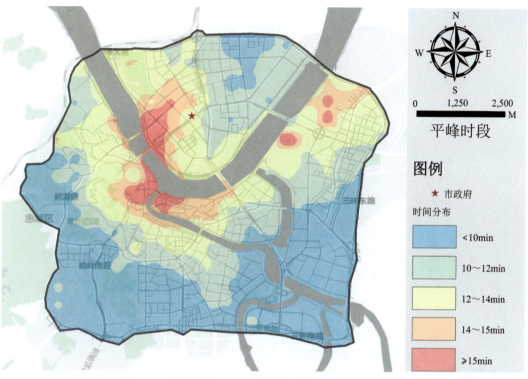

图 5-29　平峰时段三环区域内驶上高速公路时间分布图

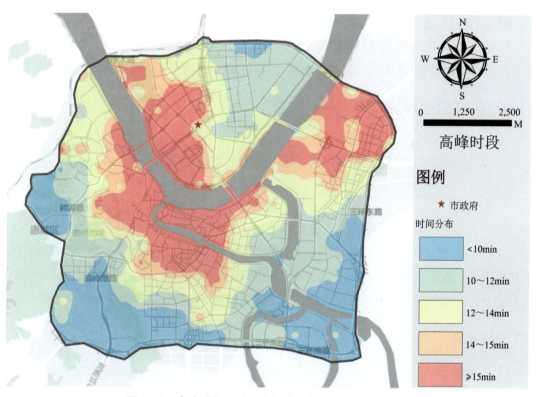

图 5-30　高峰时段三环区域内驶上高速公路时间分布图

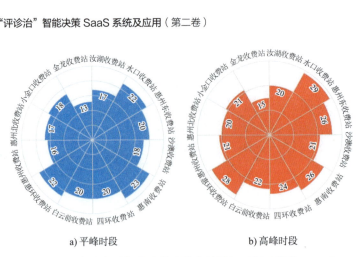

a) 平峰时段　　　　　　b) 高峰时段

图 5-31　市政府到各高速公路收费站最短时间（单位：min）

3）监测效果

基于高德地图驾车规划数据，对惠州市交通路网规划建设进行监测与后评估，发现北、西、南三个方向的进出城效率已有明显改善，平峰时段三环内 93% 的区域已基本实现 15min 内驶上高速公路，东向的快速路网建设需加快组织实施。

案例小结

惠州市交通运输局基于高德地图评诊治系统提供的交通数据，深入挖掘车辆出城的出行规律，提出快速进出城路网常态化监测评估方法，并建立数据模型，通过导出的基础数据，绘制可视化图表，利用可视化手段，识别三环区域内驶上高速公路车辆的时空分布特征，为全面客观服务三环区域内快速进出城路网规划建设提供了数据参考以及对建成后的效果进行监测评估。

5.1.3　跨江桥梁通勤监测

精选案例　6 条跨东江桥梁通勤监测

方法论

基于高德地图评诊治系统的 OD 溯源能力、路段诊治能力，对惠州市跨江大桥的驾车通勤数量、通勤 OD 数据以及拥堵延时指数、饱和度等运行指标，进行精准的监控和研判，根据系统提供的数据，建立可视化图表，对比分析跨江大桥通勤方向的驾车数量和拥堵指数，可助力交通运输管理部门识别通勤规律，为交通规划和交通项目的规划建设提供数据参考。

实战方案

1. 项目背景

惠州市跨东江桥梁的建设增加了东江两岸交通的便利性，进一步提高了路网通行能力、促进了两岸地区文化交流、推动了社会经济发展。同时，随着经济的发展，越来越多的居民选择驾车出行，且出行时间集中，这也使得跨江大桥发生了交通拥堵。惠州市交通运输局基于高德地图评诊治系统以及 TOCC（交通运行协调指挥中心）交通数据，结合公安交管部门卡口流量监测数据，对比分析惠城中心区 6 条跨东江桥梁（第三东江大桥、合生大桥、惠州大桥、东江大桥、隆生大桥和中信大桥）运行情况，为惠城中心区过江通道规划建设提供数据参考。

2. 监测分析

（1）惠城中心区 6 条跨东江桥梁中东江大桥早晚高峰较为拥堵。

根据高德地图评诊治系统的路段诊治分析，可以得出各时段拥堵延时指数大多低于 1.5，整体运行畅通。其中东江大桥早晚高峰时段拥堵程度较其他桥梁更为明显。东江大桥前往江北方向出现 8 时和 18 时两个高峰值，拥堵延时指数分别为 1.72（缓行）和 1.51（缓行）；离开江北方向只出现 18 时一个高峰值，拥堵延时指数为 1.66（缓行）。2022 年 10 月惠城中心区跨东江的主要桥梁拥堵延时指数小时级变化情况如图 5-32 和图 5-33 所示。

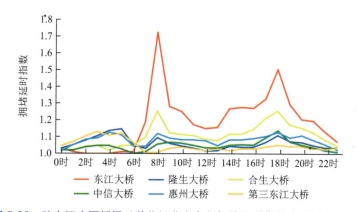

图 5-32　跨东江主要桥梁（前往江北方向）拥堵延时指数小时级变化情况

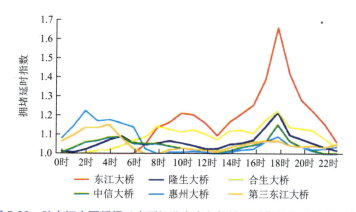

图 5-33　跨东江主要桥梁（离开江北方向）拥堵延时指数小时级变化情况

交通运输管理部门使用高德地图评诊治系统第二模块的路段诊治功能，查看时间段内工作日或节假日早晚高峰缓行路段的各项指标，通过查到的指标数据，可以清晰地了解道路每月拥堵情况以及变化情况，点击具体道路也可查看每天、每个时段拥堵指数及速度的变化情况（图5-34、图5-35），可帮助管理部门对道路运行情况进行研判分析。

图 5-34　路段诊治——拥堵道路展示图面及列表

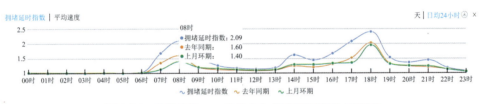

图 5-35　路段诊治——日均 24h 拥堵延时指数折线图

高德地图评诊治系统的路段诊治功能不仅提供常规路段的分析服务，还提供定制化路段的分析能力，用户可根据需要，自定义查询道路，对自定义道路进行瓶颈点以及运行情况的分析（图5-36）。

（2）东江大桥通勤服务占比高。

惠州市交通运输局通过使用高德地图评诊治系统的任意路段OD溯源功能，得到6座过江大桥的日均驾车通勤量数据，同时，结合公安交管部门的卡口过车量数据，对过江通道早晚高峰时段的日均驾车通勤量和日均卡口过车量进行了对比分析，通过计算这些数据的通勤服务占比，可以更加精细地判断各个桥梁的运行情况。惠州市早晚高峰时段通勤服务占比最高的过江大桥为东江大桥，最低为中信大桥（表5-10）。东江大桥、合生大桥和惠州大桥在早晚高峰时段通勤服务占比超过40%，主要服务市内上下班的通行需求；第三东江大桥和中信大桥在早晚高峰时段通勤服务占比相对较低，主要服务过境车辆的通行需求（图5-37）。

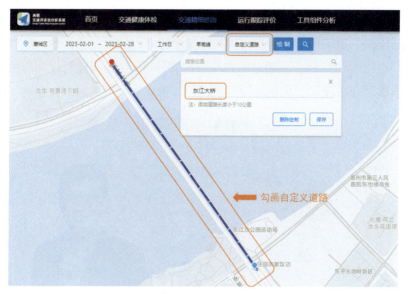

图 5-36　路段诊治——自定义道路图

各桥梁通勤服务占比详情表　　　　　　　　　　表 5-10

桥梁	早高峰（7:00—9:00）			晚高峰（17:00—19:00）		
	日均驾车通勤量（辆次）	日均卡口过车量（辆次）	通勤服务占比	日均驾车通勤量（辆次）	日均卡口过车量（辆次）	通勤服务占比
东江大桥	12966	17318	74.87%	10232	15641	65.42%
合生大桥	7751	13850	55.96%	5158	12526	41.18%
惠州大桥	1849	3956	46.74%	1854	4271	43.41%
第三东江大桥	2618	8543	30.64%	3194	9916	32.21%
中信大桥	3296	11750	28.05%	3055	11798	25.89%
隆生大桥	6998	—	—	4168	—	—

图 5-37　跨东江主要桥梁服务占比图

高德地图评诊治系统第四模块的任意路段OD溯源功能，不仅可以呈现溯源路段的通勤热力图，还提供了更加详细的信息，例如经过溯源路段的热门工作地、热门工作地的通勤人数和用户占比等（图5-38）。通过对这些数据的分析，交通运输管理部门可以更加清晰地了解各路段的运行情况，并识别通勤需求，更加精准地制订交通出行方案。

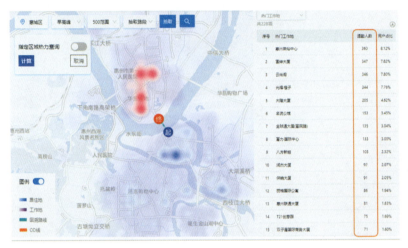

图5-38　任意路段OD溯源——东江大桥南早高峰部分通勤数据图

（3）惠城区江北区域工作地居多。

在高德地图评诊治系统第二模块的通勤需求诊治职住热力图中可以看到（图5-39），惠城区内通勤热门职住地中，东江北岸地区的工作地较多，东江南岸地区向北通勤的居住地多处于东平半岛、河南岸、麦地、金山湖等区域，北往南方向的通勤人口主要居住在德诚公馆、机械厂等区域。从地理位置上看，如果有跨江需求，东江大桥距东江南岸与东江北岸的工作地点较近，这也导致东江大桥早晚高峰车流量大，易产生拥堵。

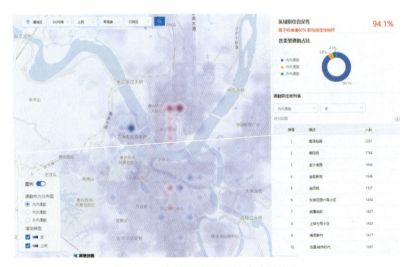

图5-39　惠城区交通运行诊治热力图

3. 治理方案

数据赋能，打造"一桥一景、大气磅礴"的惠州新时代现代化大都市：惠州市东江横贯惠城中心区，环绕老城及江北城市中央，两岸交通来往密切，根据惠城中心区城市空间布局和跨江桥梁分布现状，结合惠城区交通需求预测和分析，规划新增跨东江大桥，针对东江大桥两端交通瓶颈问题，启动鹅城大桥规划建设工作，分流东江大桥交通压力（图 5-40），通过新增过东江通道，保证两岸主干道路连通。

图 5-40　鹅城大桥规划位置图

案例小结

通过高德地图评诊治系统的路段诊治与任意路段 OD 溯源功能提供的数据，惠州市交通运输局对惠城中心区 6 条跨江桥梁运行情况进行了全面监测和分析。具体而言，该局通过路段诊治获取拥堵延时指数数据、任意路段 OD 溯源功能获取日均驾车通勤量数据，并结合公安交管部门的卡口过车量数据，对这些通道早晚高峰的数据进行对比分析，并且对各个跨江大桥的运行情况作出了综合评价，为惠城中心区过江通道的规划建设提供了重要的数据支撑。

通过这一案例，我们可以看到，高德地图评诊治系统不仅能够实现城市交通出行状况的全景监测和精准预测，还为城市交通规划和管理提供了重要的参考依据。

5.1.4 匝道建设效果研判

精选案例　利用交通仿真技术研判金山大桥匝道项目建设的效果

方法论

基于高德地图评诊治系统对常发拥堵路段、高架道路再到出入口和红绿灯路口等多拥堵场景下的路段饱和度研判分析，改善了过去人工监测实施难度大、耗时久、难量化评估的缺点，实现了针对不同场景给出具体的成因分析、优化方案和效果评价，助力交通运输管理部门综合研判交通态势与制定治理措施。本案例基于高德地图评诊治系统，通过新建匝道前的拥堵路段数据监测运行跟踪，深度融合交通运输局仿真技术，针对交通拥堵治理措施与效果研判提供科学的"数据底盘"支撑，为制订交通项目实施计划提供科学依据。

实战方案

1. 项目背景

作为江北与金山湖片区的连接桥，金山大桥的通车带来了惠州金山湖新城的崛起。但随着金山湖新城多个居住组团的兴起，各组团间人流来往密集，尤其是上下班高峰期车流量大。基于互联网数据中拥堵路段车辆的运行特征，结合仿真技术应用，新增匝道控制可有效解决金山大桥与惠沙堤二路交会处车辆拥挤问题，达到缓解交通拥堵的目的。

2. 监测分析

（1）金山大桥与惠沙堤二路运行状况。

惠城区河南岸是惠州市主要的商贸区及密集的居民住宅区，目前江北、水口和桥东街道居民来往河南岸主要通过金山大桥北往西转入惠沙堤二路，金山大桥右转至惠沙堤二路的匝道建设前该通行路段交通量大，依据评诊治系统"运行跟踪评价"模块"交通精细诊治"功能中"路段诊治"指标监测分析，吉之岛至珑湖湾小区东门行车距离约3.8km，机动车行驶耗时约8.5min。受桥下掉头交通组织影响，北往西右转交通能力不足1200pcu/h（标准车每时）。该流线与其他各方向均存在交叉，交通组织方式冲突多，安全隐患大，经常造成道路拥堵（图5-41）。

（2）金山大桥项目匝道项目仿真评估。

为了缓解车流冲突，拟新建金山大桥与惠沙堤二路交叉口匝道工程，基于高德地图互联网数据分析，惠州市交通运输局建立了交通仿真模型并进行评估，增加右转匝道后，右转车辆行驶更加便捷，北往西右转行程缩短约 1km，节约时间约 2min，通行能力提升至 1800pcu/h，路段服务水平可达到畅通水平（图 5-42）。

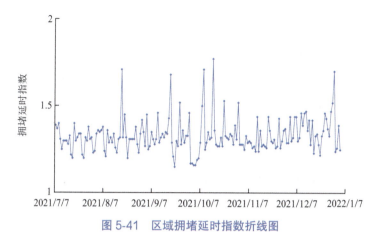

图 5-41　区域拥堵延时指数折线图

图 5-42　匝道项目实施后效果模型仿真图

案例小结

依托高德地图评诊治系统多维度精细化数据，通过对项目实施后效果模型仿真评估，开展重点工程实施效果研判，可为工程实施效果及评价提供数据参考，数据可视化呈现达到项目预期缓解交通拥堵的目标。

5.1.5 桥梁建设后分流监测

精选案例　研判鹅城大桥建设对东江大桥的分流作用

方法论

基于高德地图评诊治系统，对车辆 OD 进行溯源以及对路段饱和度精准分析，将虚无的感知变为有数据量化的支撑，可为交通工程项目实施后效果精准的预测与研判提供有力的数据支持。通过交通仿真模型，模拟不同场景下的交通出行情况，优化工程实施方案，可以提高改善方案的可行性和可靠性。数据与仿真技术的结合，为交通运输管理部门对规划区域的交通综合改善研究提供了更加可靠的科学依据。

实战方案

1. 项目背景

惠州市交通运输局选取东江大桥（已建成）和鹅城大桥（在建）为研究对象，监测分析工作日早晚高峰时段驾车通勤量，并结合交通模型评估鹅城大桥建成后对东江大桥的通勤流量分担情况，为江北区域与水口区域相关重点路段和节点的交通综合改善研究提供辅助参考。

2. 监测分析

1）过江通道 OD 溯源分析

（1）通过工具组件分析中的任意路段 OD 溯源功能，可查看通过东江大桥人员的职住热力图，从图中可以发现，东江大桥南往北方向的通勤人口主要居住地分布在东平半岛、河南岸、麦地、金山湖等区域，北往南方向的通勤人口主要居住在德诚公馆、机械厂等区域（图 5-43～图 5-46）。

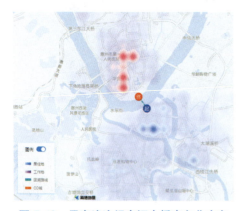 

图 5-43　早高峰途经东江大桥南向北方向　　图 5-44　早高峰途经东江大桥北向南方向

图 5-45　晚高峰途经东江大桥南向北方向　　图 5-46　晚高峰途经东江大桥北向南方向

（2）隆生大桥南往北方向通勤人口主要居住分布在水口、东平等区域，北往南方向通勤人口主要居住在江北区域（图 5-47～图 5-50）。

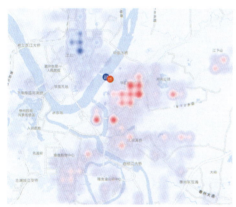

图 5-47　早高峰途经隆生大桥北向南方向　　图 5-48　早高峰途经隆生大桥南向北方向

图 5-49　晚高峰途经隆生大桥南向北方向　　图 5-50　晚高峰途经隆生大桥北向南方向

075

使用任意路段 OD 溯源功能，用户可查看城市或区县早晚高峰时段某条道路工作地、居住地的热力图，热门工作地、居住地、通勤人数和用户占比数据，能够帮助用户分析经过该道路的人群通勤分布情况（图 5-51），为规划新路线做引流提供数据支撑。

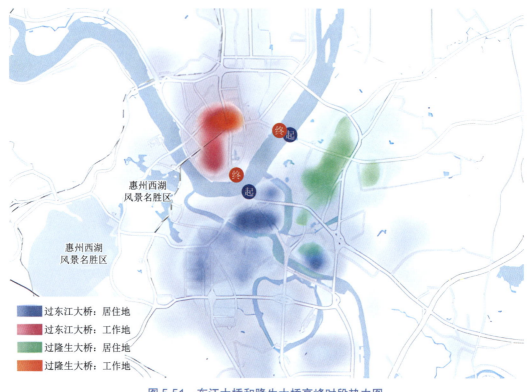

图 5-51　东江大桥和隆生大桥高峰时段热力图

2）东江大桥、隆生大桥运行情况

东江大桥南往北方向早高峰日均通勤总量约 8223 人次，晚高峰北往南方向日均通勤总量约 7421 人次；

隆生大桥南往北方向早高峰日均通勤总量约 5573 人次，晚高峰北往南方向日均通勤总量约 2551 人次；

东江大桥高峰时段较为拥堵：对东江大桥工作日高峰时段驾车通勤情况进行持续监测分析，东江大桥早高峰时段流量饱和度达到 1.18（图 5-52），晚高峰时段流量饱和度达到 1.25（图 5-53）。

隆生大桥高峰时段为缓行状态：对隆生大桥工作日高峰时段驾车通勤情况进行持续监测分析，隆生大桥早高峰时段流量饱和度为 0.98（图 5-54），晚高峰时段流量饱和度为 0.92（图 5-55）。

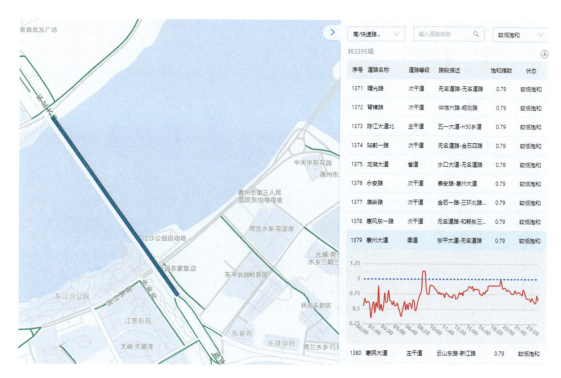

图 5-52　东江大桥早高峰时段流量饱和度分析图

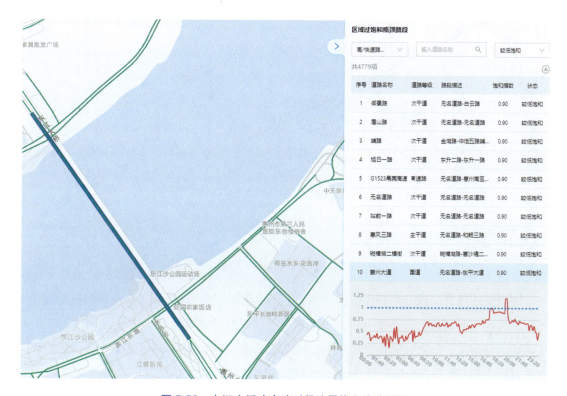

图 5-53　东江大桥晚高峰时段流量饱和度分析图

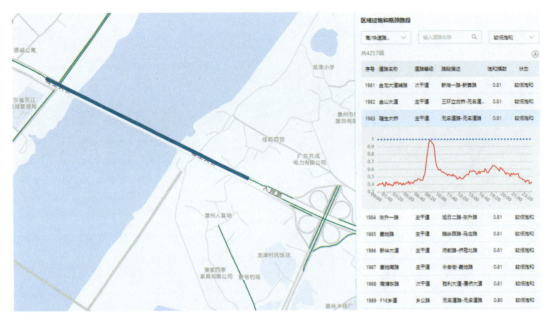

图 5-54　隆生大桥早高峰时段流量饱和度分析图

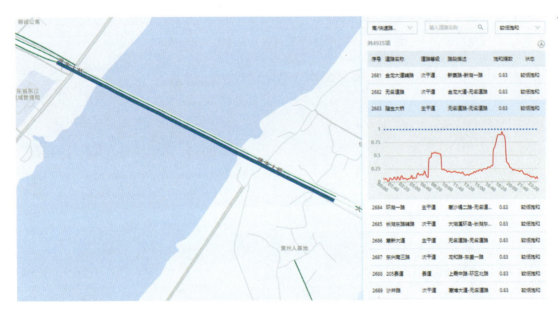

图 5-55　隆生大桥晚高峰时段流量饱和度分析图

用户使用任意路段过饱和度分析功能，可以对研究的城市或行政区在不同时间维度下，按工作日或节假日进行饱和度分析，查询后可得区域内早晚高峰或平峰等不同时段的道路负荷状态分布图，分为过饱和、临近饱和、较低饱和、极低饱和四种（图 5-56）。在地图上点击目标道路，即可查看该道路 24h 的饱和度曲线图（图 5-57），该功能可帮助交通运输管理部门分析哪些时段饱和度较高，为治理道路拥堵提供数据支撑。

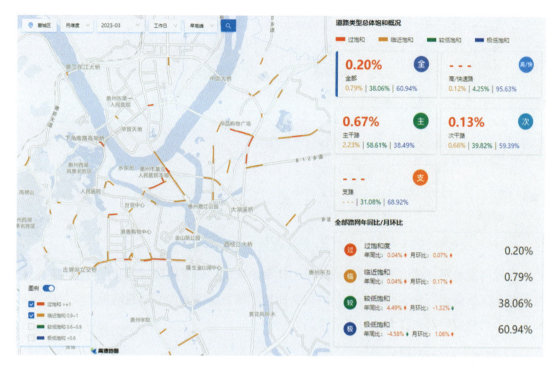

图 5-56 任意路段过饱和度分析——惠城区

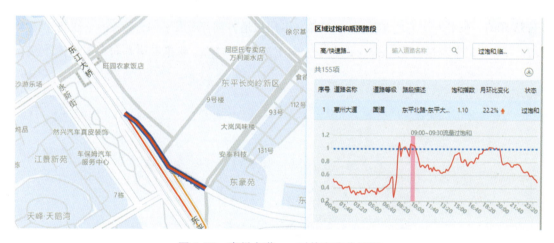

图 5-57 惠州大道——过饱和度分析图

通过对过江通道的 OD 溯源分析，东江大桥南往北方向出行者的居住地分布在东平半岛、河南岸、麦地、金山湖等区域。现以金山湖区域为研究对象，对通过东江大桥和隆生大桥的车辆进行指标分析：金山湖片区途经东江大桥的驾车通勤总量远大于途经隆生大桥的驾车通勤总量；早高峰途经东江大桥的平均驾车时间比隆生大桥多 1.5min，晚高峰途经东江大桥的平均驾车时间比隆生大桥多 3min，途经东江大桥早晚高峰平均驾驶距离比途经隆生大桥少 2km。具体见表 5-11。

金山湖片区早晚高峰时段途经通道（东江大桥、隆生大桥）指标对比　　表 5-11

途径通道	通勤方向	早高峰（7:00—9:00）				晚高峰（17:00—19:00）			
		驾车通勤总量（人）	平均驾车时间（min）	平均驾车距离（km）	平均拥堵延时指数	驾车通勤总量（人）	平均驾车时间（min）	平均驾车距离（km）	平均拥堵延时指数
东江大桥	南向北	1901	33	9.67	1.87	1085	33	10.76	1.77
	北向南	1159	30	10.52	1.38	3557	35	9.98	2.03
	总计	3060	30	10.10	1.63	4642	34	10.37	1.90
隆生大桥	南向北	192	32	12.8	1.31	25	31	14.5	1.45
	北向南	9	25	12.3	1.24	279	31	11.8	1.48
	总计	201	28.5	12.55	1.28	304	31	13.15	1.47

通过高德地图评诊治系统的任意路段 OD 溯源功能、任意路段过饱和度分析功能，对当前跨东江桥梁运行状态监测分析，可以全面地了解目标区域内的交通情况，辅助支撑鹅城大桥项目建成后对东江大桥分流效果的评估。

3）鹅城大桥分流评估

从东江大桥早晚高峰车流路径分布来看（图 5-58），东江南岸地区东湖西路方向车流量占 53.50%，东平大道方向车流量占 31%，惠州大道方向车流量占 15.50%；东江北岸地区文昌一路方向车流量占 35%，惠州大道方向车流量占 52%，菊花二路方向车流量占 13%。

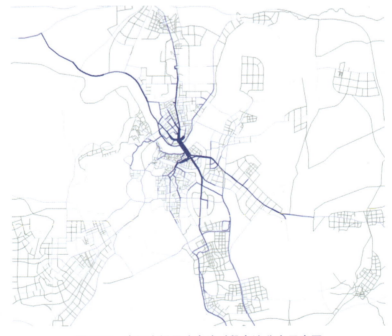

图 5-58　东江大桥早晚高峰时段车流分布示意图

从东江大桥早晚高峰时段需求分布来看，东江南岸地区分布沿东平大道—金山大道沿线较为聚集，其中桥东地区约占29%，河南岸约占22%，金山湖及金山新城约占24%，其他地区约占26%（图5-59）；东江北岸地区江北岸聚集显著，约占76%，其中惠州大道东侧片区约占33%，惠州大道西侧片区约占43%（图5-60）。

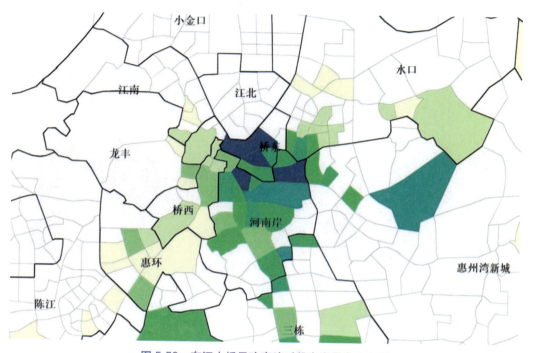

图 5-59　东江大桥早晚高峰时段南岸需求分布图

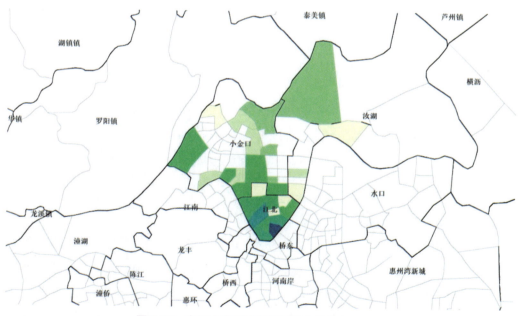

图 5-60　东江大桥早晚高峰时段北岸需求分布图

4）鹅城大桥效果评估

鹅城大桥建成后，将对东江南岸的桥东、水口及金山新城，以及东江北岸的江北片区具有显著的交通吸引优势，对惠州大道东侧片区及沿线的到发交通具有相当吸引优势。经数据溯源及交通模型评估（图 5-61），鹅城大桥建成后，预计分流东江大桥早高峰时段驾车通勤量约 26%，分流后东江大桥饱和度下降至约 0.82；分流东江大桥晚高峰时段驾车通勤量约 25.40%，分流后东江大桥饱和度下降至约 0.85，交通改善效果明显。

图 5-61 鹅城大桥交通仿真效果图

东江横贯惠城中心区，环绕老城及江北城市中央，两岸交通来往密切，新增过东江通道，可以保证两岸主干道路连通。新建鹅城大桥主要承担江北片区与水口滨江片区的交通联系，兼顾跨组团长距离交通需求，可进一步分流东江大桥交通流量，优化和完善片区路网结构，是连接市政府到金山湖片区（乃至惠城南站）的快速通道。

目前东江北岸地区金龙大道已开展快速化改造，未来与鹅城大道的交通转换瓶颈节点将主要位于新寮南路—东江三路沿线；南岸地区交通转换瓶颈节点主要位于江东大道—金山大道立交，以及江东大道—同福路节点，建议尽快开展相关重点路段和节点的交通综合改善研究。

📋 案例小结

本案例利用高德地图评诊治系统提供的职住热力图与通勤 OD 数据以及道路饱和度数据，清晰地了解到途经东江大桥、隆生大桥的交通运行情况以及通勤人员的职住区域，分析出东江大桥拥堵原因，可以帮助研判鹅城大桥建成后可以吸引到哪些区域的人群。对鹅城大桥选址的正确性加以论证，为评估鹅城大桥建成后的分流作用提供强有力的数据支撑。

5.2 工程建设

5.2.1 快速化改造工程

精选案例 金龙大道快速化改造工程效果监测

方法论

基于高德地图评诊治系统对路段饱和度和车辆 OD 数据溯源的精准分析，实现了对交通工程项目实施前、后效果的精准监测与研判，为其提供了精细化的数据支撑。交通运输管理部门对金龙大道快速化改造工程实施后，对平日和国庆期间拥堵路段运行情况进行监测与诊断，为交通工程建设监测提供精细化的数据治理规划方案。

实战方案

1. 项目背景

金龙大道是连接惠城区、博罗东北部及龙门县的交通主干线，随着沿线经济快速发展，交通量不断增长，尤其是在元旦、春节、国庆节等节假日期间，车流量激增，在高峰时段个别路段会出现交通拥堵情况。惠州市政府从长远角度出发，提出建设"两环十射"的快速进出城路网体系，将金龙大道惠城段纳入快速化改造和安全提升范围。

2. 监测分析

1）跟踪监测金龙大道快速化改造项目通车后平日运行情况

（1）项目通车前后路段运行速度变化：

金龙大道（惠城区段）快速化改造工程是惠州市首条快速化改造的城市主干道，起于市区江北云山东路与新沥路交叉口，终点接广惠高速公路惠州北互通，全长 8.7km。2020年11月，金龙大道（惠城区段）快速化改造工程动工，经过1年多的施工建设，按原计划在2022年8月底全线建成通车。依据高德地图评诊治系统中"运行跟踪评价"下的"实施效果监测"模块数据监测功能，项目通车前后评估量化效果如下。

项目通车前，金龙大道南向北方向车辆平均运行速度为 38.13km/h；

项目通车后，金龙大道南向北方向车辆平均运行速度为 59.05km/h，对比通车前平均运行速度提高了 54.86%（图 5-62）。

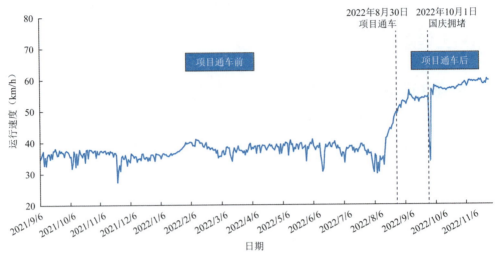

图 5-62　金龙大道南向北平均运行速度折线图

（2）江北街道三环路内区域市民通过金龙大道驶上广惠高速公路的时间分布：

项目通车后综合利用高德地图互联网数据中的导航规划线路，及高德地图评诊治系统路网运行速度等数据分析，通过 GIS（地理信息系统）空间分析建模，编制了江北街道三环路内区域市民通过金龙大道驶上广惠高速公路的时间分布图。经综合分析，江北街道三环路内区域的市民通过金龙大道驶上广惠高速公路的通行时间由原来 30min 以上缩短至平均 10～12min 即可（图 5-63）。

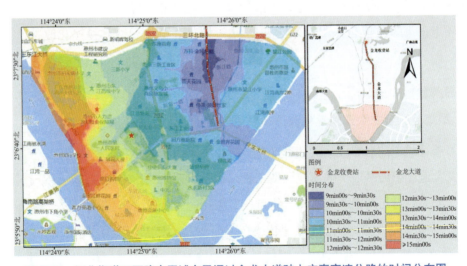

图 5-63　江北街道三环路内区域市民通过金龙大道驶上广惠高速公路的时间分布图

2）跟踪金龙大道国庆假期运行情况

项目通车后依据高德地图评诊治系统中"运行跟踪评价"下的"实施效果监测"模块数据监测功能，解读节假日数据分析监测情况。

（1）平均运行速度监测情况：

通车以来（除节假日外），金龙大道[①]（南向北方向）车辆平均运行速度整体维持在 50km/h 左右；国庆期间拥堵时段主要集中在 9 月 30 日 13 时至 10 月 1 日 20 时，其中 10 月 1 日 7 时至 11 时车辆平均运行速度最低，10 月 1 日 21 时后平均运行速度恢复至 50km/h 以上（图 5-64、图 5-65）。

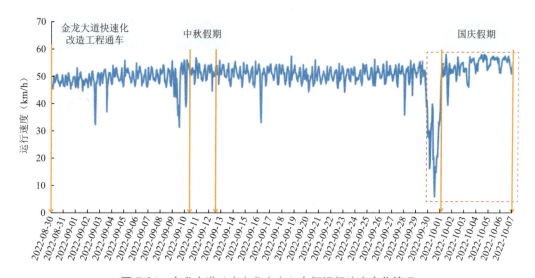

图 5-64　金龙大道（南向北方向）车辆运行速度变化情况

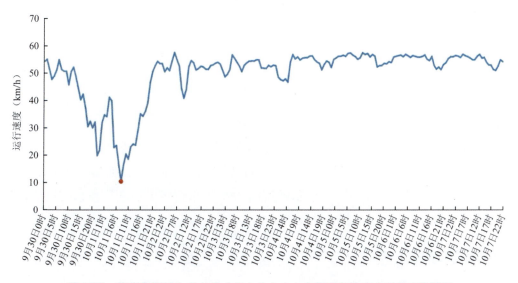

图 5-65　国庆节期间金龙大道（南向北方向）车辆运行速度小时级变化情况

（2）金龙大道拥堵路段情况：

金龙大道发生拥堵的路段主要集中在小金口中桥到长坑桥段、博罗长城学校到四角楼

---

① 金龙大道监测路段的起点为三环北路与金龙大道交叉口，终点接四角楼收费站。

收费站段。

9月30日和10月1日,金龙大道(南向北方向)拥堵主要发生在小金口中桥往长坑桥路段(图5-66),最大拥堵长度为2.8km,平均拥堵12h。主要原因是国庆长假第一天广惠高速公路车流量大,车辆排队缓行,引起金龙互通车流堵至金龙大道,造成金龙大道南向北接金龙互通路段发生拥堵。

图 5-66　金龙大道拥堵路段位置图

案例小结

随着城市交通发展问题的日益复杂,高德地图积累的互联网交通数据可帮助交通运输管理部门、专业机构对交通问题进行诊断,通过持续的路段监测挖掘拥堵规律进而从宏、中、微观分析诊断城市交通问题,客观、综合地反映城市道路交通健康状况,提出治理思路实施措施,为缓解城市拥堵提供更多"良方"。

5.2.2　匝道建设工程

精选案例　金山大桥与惠沙堤二路交叉口匝道新建工程治堵效果后评价

方法论

基于高德地图评诊治系统对金山大桥重点工程项目开展的从路网到路段,从时间到空间等多层次多维度的交通监控和研判，为从工程项目实施前到实施后运行效果的精准评价提供了数据支撑。助力交通运输管理部门快速识别区域运行和拥堵规律，为开展重点工程实施效果监测及评价提供精细化的数据参考，同时为交通规划编制提供数据治理规划方案。

实战方案

1. 项目背景

金山大桥与惠沙堤二路交叉口匝道新建工程位于惠州市惠城区，拟在跨越西枝江的金山大桥左岸下游侧增设右转匝道桥连接惠沙堤二路。根据实地路况以及规划设计方案，对金山大桥与惠沙堤二路交叉口路段拥堵情况日益加重的原因进行分析，并提出解决方案，包括对金山大桥与惠沙堤二路交叉口新建匝道、完善相应交通标识等，项目完工后将大大提高交通通行能力，有效解决金山大桥与惠沙堤二路交会处车辆拥挤问题，极大缓解过去拥堵的通勤状况。

2. 监测分析

依据高德地图评诊治系统中"运行跟踪评价"下的"实施效果监测"模块数据监测功能，选取金山大桥与惠沙堤二路交叉口匝道新建工程[1]，开展交通堵点治理工程实施效果监测跟踪评价，探索构建交通拥堵治理后评价体系（图5-67）。

图 5-67　金山大桥与惠沙堤二路交叉口匝道工程项目位置图

---

[1] 该工程为2021年交通部门为民办实事的一项治堵工程，于2022年1月5日建成通车。

1）工程实施效果监测

2022年1月5日金山大桥与惠沙堤二路交叉口匝道新建工程正式通车，通过分析区域路网运行情况和重点路段运行情况对工程实施效果进行评价。

区域路网运行情况，利用高德地图评诊治系统中"实施效果监测"下的"区域评价"模板统计"拥堵延时指数"和"运行速度"进行可视化对比分析：

项目通车前，区域拥堵延时指数在1.8以上，区域路网运行状态为拥堵和严重拥堵，区域车辆平均运行速度20～30km/h。

项目通车后，区域拥堵延时指数多数在1.5以下，部分在(1.8,2.2]，区域路网运行状态为整体处于畅通，部分时间在拥堵，区域车辆平均运行速度在40km/h左右。项目通车后区域整体路网运行状态得到明显改善（图5-68、图5-69）。

图5-68　区域路网分析边界

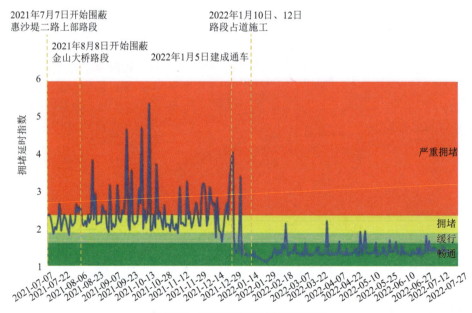

图5-69　区域拥堵延时指数折线图

2）重点路段运行情况

利用"实施效果监测"下的"路段"模块统计"拥堵延时指数"和"运行速度"进行可视化对比分析：

（1）路段一。

项目通车前，工作日晚高峰拥堵延时指数为 2.60（拥堵），车辆平均运行速度 22.14km/h；项目通车后，工作日晚高峰拥堵延时指数为 1.35（畅通），车辆平均运行速度 39.94km/h。对比通车前拥堵延时指数下降了 48%，车辆平均运行速度提高了 80%，运行状态逐步达到畅通（图 5-70、图 5-71）。

图 5-70　路段一：长湖东路—立交匝道—惠沙堤二路西向东掉头—悦湖会路口

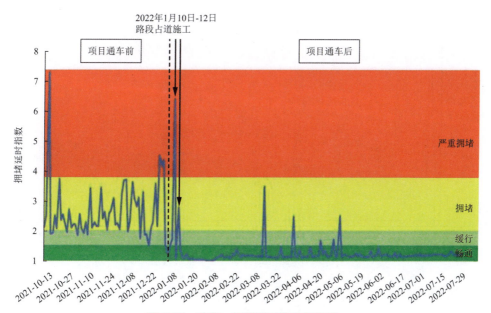

图 5-71　路段一拥堵延时指数折线图

（2）路段二。

项目通车后，工作日晚高峰平均拥堵延时指数为 1.48，车辆平均运行速度为 38.36km/h。由原来一条路径增加至两条路径可到达附近片区，将原来晚高峰通勤时间需要的 5min 左右缩短 1~2min（图 5-72、图 5-73）。

图 5-72　路段二：长湖东路—金山大桥与惠沙堤二路交叉匝道—悦湖会路口
（工程建成后此路段可通行）

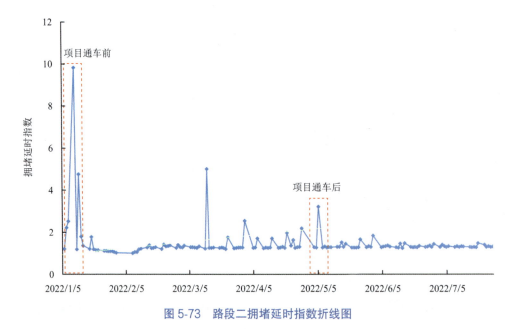

图 5-73　路段二拥堵延时指数折线图

案例小结

在高德地图评诊治系统精细化数据的支撑下，开展重点工程实施效果监测，可为工程实施效果及评价提供数据参考。项目通车前与项目通车后工程效果的对比，可以用数据可视化图表显现是否达到项目预期的缓解交通拥堵目标。

5.3 运输管理

5.3.1 公交线网优化

孙中山先生在民生主义中提出"衣食住行"这四种生活中的基本需求，显然，出行在人们生活中极其重要，与人民群众的生产、生活密切相关。当前城市的出行方式呈多元化，公共交通是城市交通的重要组成部分，是大部分人群出行的第一选择，合理的公交线路是发展公共交通的基础，是群众绿色出行的保障，也是缓解城市交通拥堵、促进城市交通可持续发展的一剂"良方"。

精选案例一　53 路"微巴"线网优化

方 法 论

坚持以建设人民满意交通为重点，聚焦市民出行需求。基于高德地图评诊治系统的人地关系数据，可以精准锁定人地关系属性，挖掘市民出行规律，帮助交通运输管理部门快速识别市民通勤需求。并以通勤数据做支撑，利用高德地图评诊治系统的任意区域职住分析功能，精准了解用户出行需求和出行规律，进而提供量化的决策分析支持，有助于管理部门按照"覆盖盲区、衔接轨道、社区循环、定制服务"等原则，精准制定新增公交线路、优化公交调整方案。

实战方案

1. 项目背景

为解决市民出行需求和交通基础设施配套发展不匹配的矛盾，惠州市交通运输局围绕"数字技术应用政府管理服务"的理念，在公共交通方面进行了数据分析应用探索。通过高德地图评诊治系统的任意区域职住分析功能，对瞿屋村区域的居民进行职住分析，以职住分布数据为支撑，结合公交运营数据，精准挖掘出行需求，合理地调整公交路线，进一步提升市民公交出行体验，更好地满足市民的公交出行需求。如图 5-74 所示为高德地图评诊治系统数据精准支撑惠州公交惠城 53 路（简称"53 路'微巴'"）线网优化分析路径。

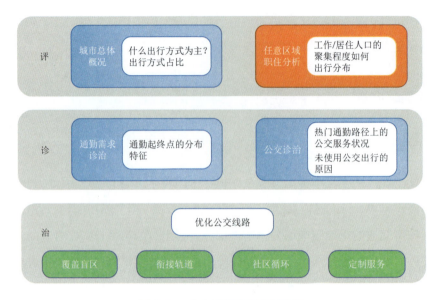

图 5-74　公交线网优化分析路径

2. 现状分析

1）公交站线不合理，覆盖不足

瞿屋村区域居住人员有就医、购物等出行需求时，附近无直达公交线路，需步行 1km 左右才能到达公交站点。

2）部分站点客流较少，电动自行车可以充分替代

部分站点区域人员的出行有多条公交线路可代替，短距离出行电动自行车也可充分替代，导致 53 路"微巴"上客流量小，运力资源浪费。

3）公交车的速度较慢、乘坐不方便

53 路"微巴"线路全程 9.3km，途经 24 个公交站点，平均站距 404m，距离短，停靠站多，发车频次慢，运行速度比较慢，导致乘客出行时间长、乘坐不方便。

4）公交线路营收不佳

惠州市学生、老人是乘坐公交的优惠群体，53 路"微巴"公交线路途经学校较多，包括 3 个中学、1 个小学，乘坐人群以学生居多，导致线路营收欠佳。

3. 数据问诊

1）整体运行情况分析

公交运行效率低：通过"交通 CT 诊断报告"中的公共交通运行诊断（图 5-75）可以发现，惠州市公共交通出行早晚高峰效率低、时间过长，相关部门可以以此为切入点，对公共交通运行效率低的问题进行定制化的治理。

公共交通运行诊断

诊断指标	扫描结果	诊断参考	正常参考值	诊断结果
早高峰公交/汽车时间比	3.06	●	1.50	运行效率低
晚高峰公交/汽车时间比	2.88	●	1.50	运行效率低
早高峰平均换乘次数	1.77	●	1.50	公共交通便捷性低
晚高峰平均换乘次数	1.75	●	1.50	公共交通便捷性低

以上表格数据均按季更新。

诊断小结

1、惠州市公共交通出行早高峰效率低，时间过长；晚高峰效率低，时间过长；晚高峰与早高峰相比运行效率更高。
2、早高峰换乘次数多；晚高峰换乘次数多；晚高峰与早高峰相比服务更便捷。

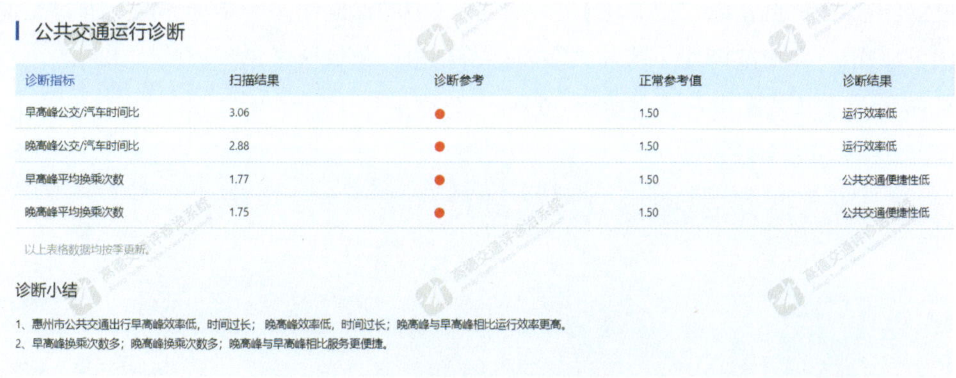

图 5-75　惠州市“交通 CT 诊断报告”

对于“交通 CT 诊断报告”模块，用户可对研究的城市或行政区域进行按日维度、月维度和自定义时间段的查询扫描，获取整体的“交通 CT 诊断报告”。报告展示选择区域的城市/行政区域总体概况，以及路网设施诊治结果、交通运行诊治结果、通勤需求诊治结果、通勤走廊诊断结果、强吸引点诊治结果、路段交通诊断结果、路口交通诊断结果、公共交通运行诊断结果等。用户选择诊断时间后也可以选择对比时间，查看交通治理前后或对比时间段的指标变化、向好或变化趋势等。

2）职住比诊断

翟屋村区域多住少职：针对市民反馈翟屋村周边区域没有直达前往东平半岛公交线路的问题，惠州市交通运输局对翟屋村周边区域的职住以及出行方式、出行需求进行分析。从翟屋村职住分析数据（图 5-76）可知，翟屋村周边区域为居住集中地，呈多住少职的态势，区域内公交出行占比较低。

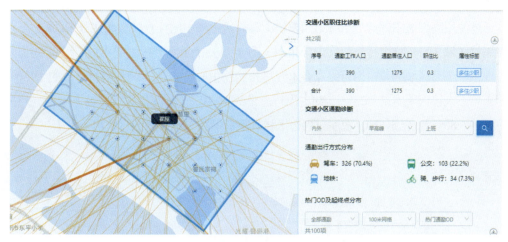

图 5-76　翟屋村周边区域人口职住比例图

3）出行方式诊断

公交出行比例低：以"交通 CT 诊断报告"中的诊断结果为指导方向，通过交通精细诊治中的城市总体概况模块（图 5-77）可以分析出，惠城区的出行以骑、步行为主，占比为 56.6%，其次是驾车出行，占比为 29.8%，公交出行比例仅为 13.6%。公交出行比例低，造成绿色出行分担率低。

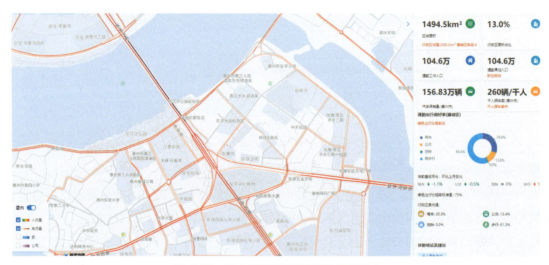

图 5-77 城市整体概况模块惠城区域图

城市总体概况模块以月为单位，查看所选城市/行政区域通勤居住人口数量、通勤工作人口数量，通勤出行偏好率、人流量、车流量以及家和公司的位置热力分布图。用户可结合通勤居住人口数量、通勤工作人口数量、通勤出行偏好率等指标数据，对自定义区域内职住分布以及出行需求进行诊断分析。

4）瞿屋村区域通勤出行规律

通过使用高德地图评诊治系统第四模块工具分析组件中的任意区域职住分析功能，可以看到瞿屋村区域人口日均出行热门终点分布图（图 5-78），该区域的日均通勤出行总量约为 278 人，往东平半岛区域的热门出行终点有永旺惠州购物中心（32 人，约占出行总量的 11.50%）、惠州市第三人民医院本部（28 人，约占出行总量的 10.10%）和赛格假日广场（19 人，约占出行总量的 6.80%）（表 5-12），瞿屋村周边区域确实有前往东平半岛的日常出行需求。

瞿屋村区域人口热门出行终点人数　　　　　表 5-12

序号	终点名称	出行总量	驾车	公交	骑步行
1	永旺惠州购物中心	32	18	6	8
2	惠州市第三人民医院本部	28	16	8	4
3	赛格假日广场	19	11	4	4

图 5-78　翟屋村区域人口日均出行热门终点分布图

使用高德地图评诊治系统通勤走廊诊断中的公交诊治可以发现，从翟屋公交站到惠州市第三人民医院（本部）的公交线路有 3 路和 48 路，分别需要乘坐 3 站和 5 站，步行距离均在 1km 左右，整体出行时间为 30min、54min，出行时间久，且步行距离长。这也反映了翟屋村区域公交线路覆盖不足的问题。

用户使用任意区域职住分析模块，根据需要勾画分析区域，查询数据后，自定义模块保留在任务管理中，可方便用户多次查看。该模块可查询区域通勤起终点的热力分布图以及各出行方式的数量，帮助分析区域内人员的出行，挖掘潜在公交出行需求。

4. 治理方案

通过高德地图评诊治系统诊断出翟屋村区域公交线路覆盖不足、公交出行比例低、公交运行效率低等问题，惠州市交通运输局整理出如下治理思路。

公交治理思路：根据翟屋村周边区域通勤终点的热力分布图定位目的地位置，得到出行需求，通过对热门终点的通勤路径进行公交诊断，确定治理方向，结合 53 路"微巴"线路现状，进行公交线路调整优化，提高公交服务水平（图 5-79）。

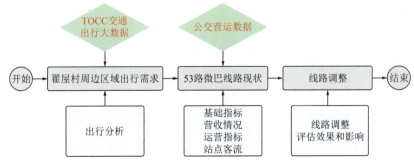

图 5-79　53 路"微巴"线路优化调整方案评估思路

使用高德地图评诊治系统第二模块交通精细诊治中的通勤走廊诊断功能，可以查看到翟屋村区域热门通勤路径（图 5-80），绿色线段为内外通勤路径、橙色线段为外内通勤路径，由热门通勤路径可以看出，翟屋村区域内部到外部的通勤路径较多，属于多住少职的状态。

图 5-80　翟屋村区域热门通勤路径

1）锁定优化公交线路

在热门通勤路径中，选取一条途经惠州市第三人民医院（本部）的通勤路径进行公交诊断（图 5-81），红色线段代表驾车通勤路径，绿色线段代表公交通勤路径，橙色线段代表步行路径。途经惠州市第三人民医院（本部）的路径有 3 条公交线路，分别是 3 路、14 路、53 路"微巴"，在公交诊断结果中可以看到，公交出行效率低，与小汽车出行相比用时偏长。在这 3 条公交线路中，53 路"微巴"步行距离和到达目的地时间最短，并且途经翟屋村区域的热门通勤目的地。

图 5-81　热门通勤路径公交诊断图

用户使用通勤走廊诊断功能，可选择城市/行政区/自定义区域作为研究对象，查询不同月份的早晚高峰通勤路径以及通勤路径上的驾车总数、驾车时长、驾车距离、延误指数等运行情况信息，针对研究范围内的热门通勤路径进行"公交诊治"，可以查看该路径下居住地和工作地的热度、公交线路、驾车出行时间比、驾车通勤人数、出行时间、换乘次数等重要信息，帮助研究人员分析公交运行效率以及出行人员未选择公交出行的原因。

2）公交现状分析

将覆盖翟屋村周边区域通勤需求的53路"微巴"作为线网优化研究对象，解决翟屋村周边区域热门出行终点无直达公交线路、公交覆盖率不全的问题。

根据高德地图评诊治系统和公交运营统计数据得出，惠州公交53路"微巴"行经路线大致为一条环线，环绕东平半岛分设顺时针和逆时针双向开行班车，起点和终点均为荷兰水乡，线路全长9.3km，包括24个公交站点，平均站距为404.35m，途经市场、商业区、公园、医院、学校等重要出行场所，日均客流30人以上的站点仅有3个，分别是城背塘、东平市场、荷兰水乡（图5-82）。

从53路"微巴"线路现状可知，线路的运行效率较低，营收、成本、运营、客流等指标均不佳；出行人群以优惠群体（老人、学生）居多，途经站点客流分析显示东北角站点（东平小学、环岛二路）客流较少。

图5-82　53路"微巴"日均客流30人次以上站点图

3）线路优化调整方案

为满足市民多样化的出行需求，取消东平小学、环岛二路站，将线路改道至滨江路，增设翟屋村、滨江路、滨江路总站等站点。调整后的53路"微巴"模拟线路图如图5-83所示。

图 5-83　53 路"微巴"线路模拟调整图

4）线路优化调整的效果与影响

新增站点后（图 5-84），过往公交和骑步行出行的人群有较大可能会选择乘坐调整后的 53 路"微巴"，也有一定的可能吸引驾车出行的人群乘坐公交车。53 路"微巴"日均总客流 336 人，减少的 2 个站点共计 15 人，占线路总客流的 4.46%；在减少站点的出行关系中，存在步行 300～500m 的替代方案，预计不会造成过多的客流损失。对 53 路"微巴"线路进行优化调整，在满足市民公交出行需求的同时，可以吸引更多的通勤客流，提高线路的运营指标。

图 5-84　53 路"微巴"线路改造完毕运行图

案例小结

53 路"微巴"线路的调整是多方参与共同努力形成的优化方案，惠州市交通运输局以高德地图评诊治系统提供的出行热门终点分布、通勤路径的公交诊治数据为依托，结合公交运营数据，对具体区域公交线网现状及人口出行规律进行精准分析，深入挖掘潜在公交出行需求。同时结合现有公交线路提供优化调整方案，并对调整效果与影响进行预评估。以具体的数据对比，为公交线网优化提供有效支撑。

精选案例二　东江湾产业园区公交线路优化

实战方案

1. 项目背景

为优化提升东江湾产业园区企业员工的公交出行服务，惠州市交通运输局利用高德地图评诊治系统及 TOCC 通勤出行数据，精准识别东江湾产业园区通勤出行规律，并结合现状公交线路分布进行数据分析，针对性提出 43 路和 205 路公交线路优化调整方案，为东江湾产业园区公交线路优化提供数据决策支撑，提升公交运输治理能力现代化。

2. 现状分析

公交站覆盖率低：园区内公交出行需求大，江北片区、东平半岛、河南岸和仲恺方向的公交线路覆盖不足。

3. 数据问诊

通过高德地图评诊治系统的任意区域职住分析模块，划定治理区域，分析区域的热门通勤 OD 及热力图，对职住比例、出行方式、通勤出行规律进行"问诊"。

1）职住比例诊断

区域通勤分布失衡：东江湾产业园区日均通勤工作人口为 24668 人，日均通勤居住人口为 7458 人，职住比为 3.3，属于多职少住地区（工作集中地）（图 5-85）。

图 5-85　"任意区域职住分析"东江湾产业园职住通勤诊断图

2）出行方式诊断

机动车出行强度大：东江湾产业园区的交通出行结构中，驾车出行占比为 67.5%，公交出行占比为 28.8%。骑、步行占比为 3.7%，机动车出行强度大，绿色出行占比较少（图 5-85）。

3）东江湾产业园区通勤出行规律

在任意区域职住分析中，勾画出东江湾产业园区分布图，点击查询，可以得到该区域常住人口、通勤工作人口、通勤居住人口等数据以及热门通勤区域热力图，东江湾产业园区日均通勤出行总量约为24668人，通过修改通勤类型的筛选条件（内内、内外、外内），可以得到园区内部热门通勤出行目的地主要是天宝电子（惠州）有限公司五金分厂和东江工业园，园区外部热门通勤出行目的地主要是东江科技园、水口街道办周边、江北、东平半岛、河南岸和仲恺等区域（图5-86～图5-88）。

图 5-86　东江湾产业园区通勤内内出行热门终点　　图 5-87　东江湾产业园区通勤外内出行热门终点

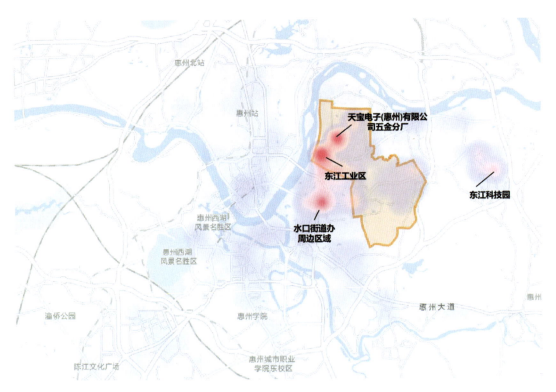

图 5-88　东江湾产业园区热门通勤目的地热力分布图

4. 治理方案

基于高德地图评诊治系统诊断出东江湾产业园区公交线路覆盖不足、机动车出行强度大等问题，惠州市交通运输局整理出如下治理思路。

公交治理思路：根据东江湾区域的通勤职住规律，对热门通勤路径进行公交便捷度诊断，分析公交现状，设计公交优化方案，解决该区域通勤分布失衡、机动车出行强度大等问题。

1）公交现状分析

东江湾产业园区现有公交线路 13 条，分别是 9 路、13 路、27 路、40 路、43 路、49 路、202 路、203 路、205 路、206 路、233B 路、236 路、236 路区间线。如图 5-89 所示为线路调整前东江湾产业园区公交现状图，公交线路主要串联服务园区内部以及河南岸、江北等区域。

图 5-89　线路调整前东江湾产业园区公交现状图

2）公交便捷度诊断

高德地图评诊治系统的通勤走廊诊治模块，提供了查看市、行政区以及自定义区域的热门通勤路径能力，能够帮助分析区域内道路拥堵和公交的便捷情况以及了解人们绿色出行意愿偏低的原因，从而优化公共交通服务。

选取东江湾产业园区一条热门通勤路径，进行公交便捷度诊断。对龙湖大道到水口大道需求侧 OD 进行溯源，可以观察到，这条路线的公交通勤需求，有公交效率低、换乘次数过多、步行距离过长等问题（图 5-90、图 5-91）。这反映了公交线路覆盖不足、专线接驳线路少等问题。

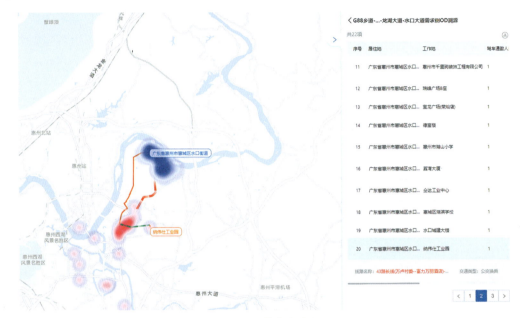

图 5-90　通勤走廊诊断图

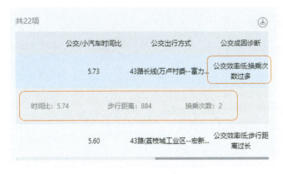

图 5-91　公交诊断图

3）公交优化调整方案

根据高德地图评诊治系统提供的通勤数据和 TOCC 公交线网分析可知，东江湾产业园区与江北片区的日均通勤出行量为 2257 人，现状仅有 3 条公交线路提供服务。为进一步加强东江湾产业园区与江北地区的联系，便利园区企业员工生活、购物等出行活动，惠州市交通运输局以高德地图评诊治系统提供的 OD 数据与通勤热力数据为支撑，结合 TOCC 公交线网数据进行分析，研究提出 43 路公交线路优化调整方案，由宏新蜜糖小城延伸经龙湖大道、隆生大桥、新寮北路、新江路、三新北路、三新南路、文昌二路和水北五路至富力万丽酒店。同时，为了优化提升 43 路在东江湾园区内部短距离接驳服务，线路调整为由荔枝城工业区经民营工业园片区、H10 乡道至万卢村委会（图 5-92）。

图 5-92　43 路公交线路优化调整示意图

东江湾产业园区与东平半岛、河南岸和仲恺方向的日均通勤出行量为 3974 人，现状仅有 4 条公交线路提供服务，为优化提升东江湾产业园区企业员工往返东平半岛、河南岸和仲恺等地交通出行服务，研究提出将 205 路公交线路往园区内部进行延伸，增设东江湾商业广场、惠城高新区服务中心和雄韬科技城 3 个站点（图 5-93）。

图 5-93　205 路公交线路优化调整示意图（东江湾延伸部分）

4）线路优化调整的效果与影响

惠州市交通运输局采取线路延长、调整走向、增设站点等方式，调整并优化 402 路和 205 路公交线路的运营组织。新增站点后，公交出行、骑步行出行的人员有较大的可能乘坐调整后的公交线路，也有一定的可能吸引驾车出行的人群改乘公交车。对 402 路、205 路公交线路的优化调整，在兼顾园区内部短距离接驳出行的基础上，进一步保障了园区内部企业员工前往东平岛、河南岸和仲恺方向的出行需求。

📋 案例小结

东江湾产业园区公交线网优化方案的调整是经过多方参与共同努力形成的优化方案，惠州市交通运输局以高德地图评诊治系统提供的出行热门终点分布、通勤路径的公交诊治数据为基础，诊断出东江湾产业园热门通勤出行目的地，以及热门通勤路径，结合惠州市 TOCC 公交运营数据，对东江湾产业园区域的公交线网现状进行分析，挖掘潜在公交出行需求，为公交线网优化提供有效的数据支撑。

精选案例三　205 路公交线路改道

📋 实战方案

1. 项目背景

优先发展公共交通是缓解交通拥堵、转变城市交通发展方式、提升人民群众生活品质的必然要求，而持续加强公交线路优化和提升公交服务水平也是交通运输部门参与交通治堵的关键。为解决江东一号路区域公交线路空缺问题及方便附近居民公交出行，惠州市交通运输局以高德地图评诊治系统通勤数据作为支撑，结合公交运营数据，开展江东一号路区域出行需求及相关公交现状分析。

2. 现状分析

1）公交站线不合理，覆盖不足

由图 5-94 可知，江东一号路两边的住宅区多且无公交站点，有公交出行需求的人员需要步行至与之平行的龙湖大道乘坐公交车，步行距离较远、出行不便。

2）公交线网不合理，分布不均衡

与江东一号路平行的龙湖大道，公交线路有 8 条，公交线路重复系数大，可能导致公交车到站集中，造成拥堵。

第 5 章　惠州市交通运输局项目

图 5-94　江东一号路周边居住图

3. 数据问诊

通过高德地图评诊治系统的任意区域职住分析模块、通勤需求诊治模块、强吸引点诊治模块，分别对职住比例、出行方式、出行规律，通勤成本以及热门目的地周边道路拥堵情况进行数据问诊，助力交通运输管理部门研判区域出行规律，为公交线网优化提供数据支撑。

1）职住比例诊断

居住集中地：江东一号路区域包含的居民小区有光耀翡俪港、海伦堡海伦湾、华兴金盛丽景、龙日花苑、海伦春天等，日均通勤工作人口 1058 人，日均通勤居住人口 5173 人，职住比为 0.2，属于居住集中地，职住自足性差。

2）出行方式诊断

机动车出行强度大：江东一号路区域的交通出行结构中，驾车出行占比为 75%，公交出行占比为 20.9%，骑步行占比为 3.6%，机动车出行强度大，绿色出行占比较少（图 5-95）。

图 5-95 江东一号路交通小区职住比诊断图

3）通勤成本诊断

通勤距离远，有公交出行需求：江东一号路区域人群从区域内部向区域外部的通勤需求高（图 5-96）。早高峰时段，从江东一号路内部到外部的通勤人数明显高于由外到内的通勤人数。从时空分布维度分析，早高峰上班时段，上午 7:00 左右通勤人数最高（图 5-96）；从通勤距离维度分析，通勤距离以 5~10km 居多，占全部通勤距离的 87.5%，区域内整体平均通勤距离 9.11km，通勤出行距离较远，有公交出行需求。从出行耗时维度分析，当内外通勤时，出行时间以 0~15min 和 15~30min 居多，区域内整体平均通勤时间 17.88min，通勤出行时间合理（图 5-97）。

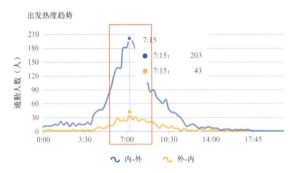

图 5-96 江东一号路区域职住诊断图

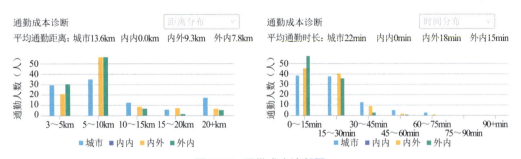

图 5-97 通勤成本诊断图

通过高德地图评诊治系统中"交通精细诊治"下的"通勤需求诊治"模块，可以对行政区或自定义区域上下班、早晚高峰的通勤情况进行诊断，可查看各类型通勤占比、通勤职住地列表、出发热度趋势、通勤成本诊断以及通勤热力分布图（图5-98）。

图 5-98　通勤需求诊治图

4）江东一号路区域通勤出行规律

出行终点分布中以写字楼、购物中心、医院居多：由图 5-99 可知，江东一号路区域包含的居民小区有光耀翡俪港、海伦堡海伦湾、华兴金盛丽景、龙日花苑、海伦春天等，热门出行终点有佳兆业 ICC-T1 写字楼、中信领巾时代、帝景国际商务中心、华贸天地、华贸大厦、惠州市第三人民医院本部、赛格假日广场、永旺惠州购物中心、广州中医药大学惠州医院、港惠购物中心等（表 5-13）。该区域的热门出行终点大多分布在江北、东平岛和河南岸，出行目的地以医院、购物中心、写字楼居多。

江东一号路区域人口热门出行终点人数　　表 5-13

序号	终点名称	出行总量	驾车	公交
1	华贸大厦	51	44	7
2	惠州市第三人民医院本部	41	28	13
3	赛格大厦	31	22	7
4	佳兆业 ICC-T1 写字楼	28	24	3
5	中信城市时代	27	19	8
6	佳兆业中心	27	23	3

图 5-99　江东一号路区域人口日均出行热门终点分布

通过任意区域职住分析,可以查看江东一号路区域人员通勤起终点的热力分布以及各个出行方式的出行数量,帮助分析区域内人员的出行特点,确认出行需求。

5)热门出行目的地周边道路拥堵

江东一号路区域人员出行目的地以医院、购物中心、写字楼居多,其中医院、商圈是人们就医和购物的重要场所,具有出行量大、机动车出行比例高、停车难等特点,周围道路交通容易造成拥堵。如图 5-100 所示为惠州市第三人民医院拥堵延时指数趋势图,可以看出,上午 9 时左右、下午 5 时左右拥堵延时指数大于 1.5,处于缓行状态。通过拥堵分析可以看到,医院的东北门在 8:30—9:00、11:00—12:00、16:00—17:30 拥堵延时指数达到了 2.0 以上,较为拥堵(图 5-101)。

通过高德地图评诊治系统中"交通精细诊治"下的"强吸引点诊治"模块,可以对医院、商圈进行拥堵和人流的诊断分析(图 5-102),查看各个出入口周边区域的拥堵热力图、主要出入口排队等待时间、人流来源的分布情况等信息(图 5-103),帮助用户确定需要治理的出入口以及周边需要治理的道路。

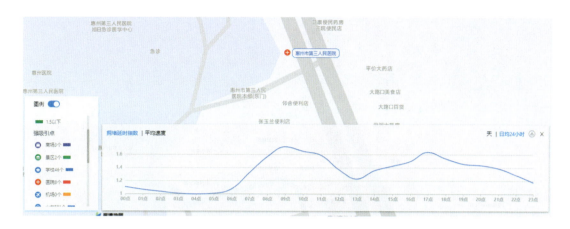

图 5-100　惠州市第三人民医院拥堵延时指数趋势图

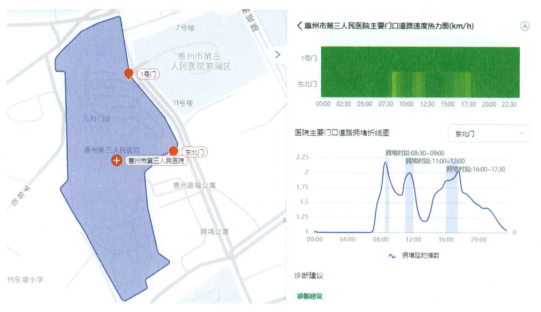

图 5-101　惠州市第三人民医院周边拥堵分析

图 5-102　强吸引点诊治图

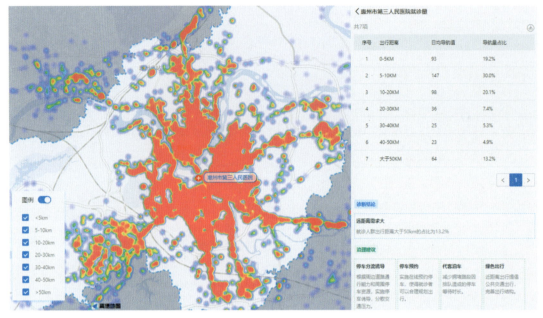

图 5-103　惠州市第三人民医院人流分析图

4. 治理方案

通过高德地图评诊治系统诊断出东江一号路区域公交线网不合理、分布不均衡，机动车出行强度大，通勤距离远，热门出行目的地周边道路拥堵等问题，惠州市交通运输局整理出如下治理思路。

公交治理思路：分析江东一号路周边区域出行需求，对热门通勤路径进行公交诊断，确认公交出行便捷度，筛选要改造的公交线路，对公交线路调整优化，解决该区域公交线网不均衡、机动车出行强度大等问题，提高公交服务水平（图 5-104）。

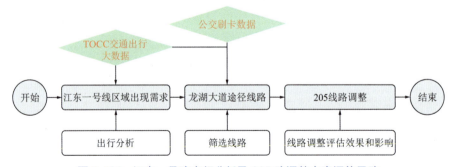

图 5-104　江东一号路出行分析及 205 路调整方案评估思路

1）公交现状分析

江东一号路区域附近居民小区多，距公交站点远；与江东一号路平行的龙湖大道，公交线路有 8 条，公交线路重复系数大。区域热门出行终点多，有佳兆业 ICC-T1 写字楼、中信领巾时代、帝景国际商务中心、华贸天地、华贸大厦、惠州市第三人民医院本部、赛格假日广场、永旺惠州购物中心、广州中医药大学惠州医院、港惠购物中心等，出行终点以商圈、医院、写字楼居多。

2）公交便捷度诊断

通过通勤走廊诊断可以看到江东一号路区域居民的热门通勤路径，大部分都由龙湖一路出发，选取一条以海伦堡海伦湾为起点，港惠购物中心为终点的通勤路径进行公交诊断（图 5-105），公交出行需要步行 1189m，步行距离较长，公交/小汽车的出行时间比为 3.3，公交出行效率低（图 5-106）。

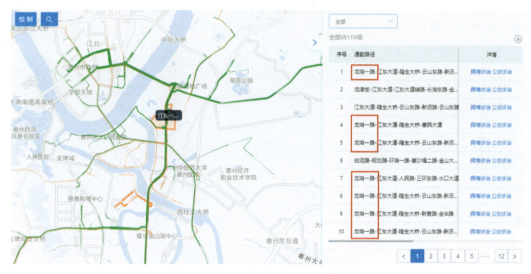

图 5-105　江东一号路热门通勤路径

图 5-106　热门通勤路径公交诊断图

3）筛选改造的公交线路

由于江东一号路不存在公交线路，需要从与之平行的龙湖大道中选择一条或多条公交线路进行改线调整。龙湖大道上共有公交线路 8 条，按照以下原则筛选出适合调整的线路：①在龙湖大道分担客流少的线路；②覆盖江东一号路区域热门出行终点多的线路；③与其他线路走向重复多的线路。结合公交运营数据进行分析，分担龙湖大道客流量少于 10%的线路有 27 路、206 路、16 路、205 路，线路分布占比如图 5-107 所示，其中 205 路分担率最低，为 7.90%；线路范围覆盖江东一号路区域热门出行终点数量占比最高的线路为 205 路，为 14.10%（表 5-14）；同时，205 路与 206 路的重复率较高，有 33 个重复的站点。可以在 205 路和 206 路之间进行选择。

图 5-107　16 路、27 路、205 路、206 路对江东一号路区域热门出行终点分布的占比

江东一号路交通小区热门出行终点分布占比　　　　表 5-14

序号	线路名称	出行总量	驾车	公交	骑步行
1	16 路	716（13.60%）	552	126	38
2	27 路	700（13.30%）	500	161	39
3	205 路	744（14.10%）	551	147	46
4	206 路	664（12.60%）	481	139	44

4）公交优化调整方案

以高德地图评诊治系统的通勤数据作为精细支撑，结合公交运营数据，筛选出 205 路公交线路进行调整，取消其龙湖大道段站点，改行江东一号路。取消的站点有大湖溪站、大湖学校站、大湖市场站、金溪花园站、水口供电所站、谭屋新街站、龙津新苑站，调整后的模拟公交线路如图 5-108 所示。

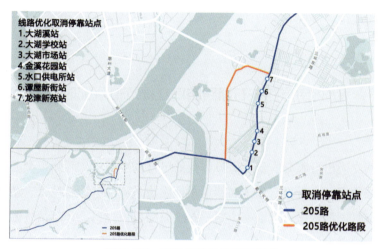

图 5-108　205 路线路模拟调整图

5）线路优化调整的效果与影响

调整公交线路后，预计将吸引江东一号路区域的居民乘坐公交前往通勤终点，将减少该区域居民步行至公交站点的时间，提升居民公交出行的便利度；也可能吸引一部分驾车出行的人群改乘公交出行，减少驾车出行的同时也减少路面拥堵。线路减少的站点大部分乘客都是去往东平岛、河南岸区域，有可替代的公交线路（9 路、13 路、27 路、202 路），故调整方案对原有客流影响不大。

案例小结

该方案是多方参与共同努力形成的治理方案，基于高德地图评诊治系统提供的职住分析、公交诊断等数据能力，根据出行人群终点分布图，确认江东一号路区域人群出行需求，利用 LBS（位置服务）数据和职住规律出行数据融合分析技术，帮助 205 路公交线网调整的分析优化，完善城市公交线网覆盖，减小江东一号路区域居民乘车的步行距离，方便乘客接驳。

5.3.2　助力公交优先

方 法 论

依托高德地图出行数据数字底座开展公交数据归集、清洗、分析和赋能应用，可为城市公交运营提供更精准的数据支持和决策分析。通过使用高德地图评诊治系统路口诊治功能，并且与公安交管部门进行数据分析联动，帮助交通运输管理部门对路口拥堵情况及红绿灯周期数据进行监控和研判，可为交通运输管理部门在进行公交车辆优先通行决策分析时提供数据支撑，通过调整红绿灯信号配时的方式，进一步提升公共交通的服务水平和市民出行效率，增加公交车辆的运行速度和准点率，缓解路口拥堵，促进城市交通可持续发展。

实战方案

精选案例一　优化南岸路—石湖路路口红绿灯信号配时，助力公交优先

1. 项目背景

为提高公共交通出行服务质量，保障群众的出行基本需求，惠州市交通运输和公安交管部门主动加强数据共享对接，基于高德地图评诊治系统路口诊断结果，结合路口公交车通行数据和红绿灯周期数据，选取南岸路—石湖路路口，提出红绿灯信号配时调整方案供惠州市交警支队参考实施。

2. 现状分析

1）南岸路—石湖路路口南进口左转排队较长

南岸路—石湖路路口南进口左转、直行车流量大、排队长，尤其左转车辆时段性特征非常明显，高峰期车辆扎堆很容易造成拥堵，严重时排队较长导致直行车辆无法进入路口通行，对石湖路通行效率造成极大影响。

2）南岸路—石湖路路口通过公交车辆较多

南岸路—石湖路路口（图 5-109）现有 13 条公交线路通行经过。2022 年 8 月，工作日早高峰 7:30—9:00 时段日均有 177 辆公交车通行经过，工作日晚高峰 17:00—19:00 时段日均有 239 辆公交车通行经过。石湖路路口处高峰时段公交车辆通行情况见表 5-15。

石湖路路口红绿灯公交车辆通行情况　　　　表 5-15

序号	高峰时段	运行方向	日均通行公交车（辆）
1	早高峰 7:30—9:00	往西湖（南往北方向）	104
2		往石湖苑（北往南方向）	73
3	晚高峰 17:00—19:00	往西湖（南往北方向）	123
4		往石湖苑（北往南方向）	116

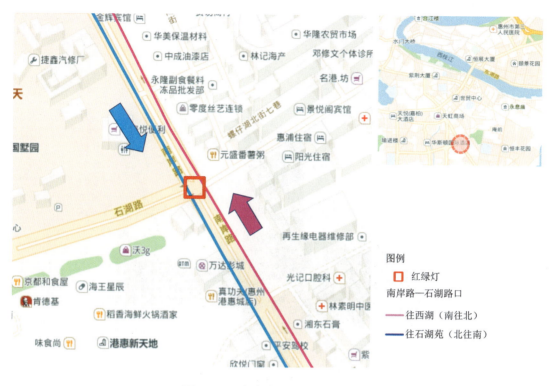

图 5-109 南岸路—石湖路路口位置

3. 数据问诊

针对南岸路—石湖路路口存在的南进口左转排队较长、路口通过公交车辆较多等现状问题，惠州市交通运输局使用高德地图评诊治系统的路口诊治功能，对南岸路—石湖路路口进行诊断分析。

1）南岸路—石湖路路口失衡

对研究范围内的所有路口进行扫描分析（图 5-110），发现南岸路—石湖路路口属于失衡路口，服务水平为 D 级。从细节上看，南岸路南进口左转向的车辆排队长度为 72m，停车次数 1.1 次，延误指数为 82，转向流量比 8%；南进口直行方向车辆排队长度为 97m，转向流量比为 27%；北进口直行方向车辆排队长度为 70m，转向流量比为 21%。可以分析出该路口南北直行车流量大，南进口左转的停车次数多，路口失衡。失衡的原因可能是南进口左转的车流量大，绿灯时长较短导致。

为解决路口失衡问题，提高早晚高峰公交出行效率，惠州市交通运输局结合交警支队提供的石湖路路口红绿灯周期数据（表 5-16），绘制了石湖路路口早晚高峰日均通行公交车曲线图来分析路口情况（横轴代表在高峰时段每个红绿灯周期，纵轴代表红绿灯周期内通行公交车辆数）（图 5-111～图 5-114）。

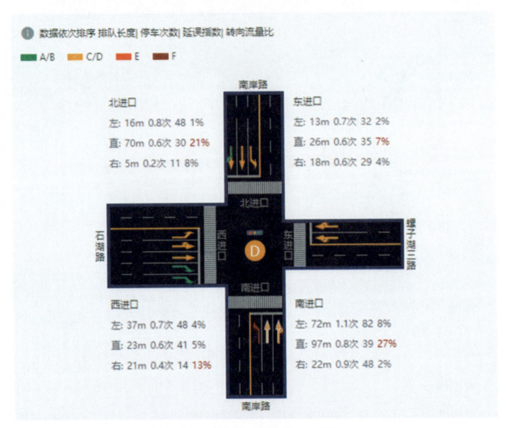

图 5-110 南岸路—石湖路路口诊断图

石湖路路口红绿灯周期数据 表 5-16

序号	高峰时段	运行方向	日均通行公交车（辆）	周期（s）
1	早高峰 7:30—9:00	往西湖（南往北方向）	52	150
2		往石湖苑（北往南方向）	52	
3	晚高峰 17:00—19:00	往西湖（南往北方向）	55	150
4		往石湖苑（北往南方向）	47	

2）早晚高峰信号灯周期

数据显示，早高峰时段（图 5-111、图 5-112），往西湖方向（南往北方向）超过 3 辆公交车的红绿灯周期有 08:35:00—08:37:30、08:37:30—08:40:00、08:55:00—08:57:30；往石湖苑方向（北往南方向）超过 3 辆公交车的红绿灯周期有 07:20:00—07:22:30、07:42:30—07:45:00、07:45:00—07:47:30、08:27:30—08:30:00。在早高峰期间，往西湖方向（南往北方

向)在 8:35:00—8:40:00 之间通过的公交车数量出现峰值,往石湖苑方向(北往南方向)在 7:42:30—7:47:47 之间通过的公交车数量明显增多。

晚高峰时段(图 5-113、图 5-114),往西湖方向(南往北方向)超过 3 辆公交车的红绿灯周期有 17:02:30—17:03:22,往石湖苑(方向北往南方向)超过 3 辆公交车的红绿灯周期有 17:00:00—17:00:52、17:02:30—17:03:22、17:20:00—17:20:52。

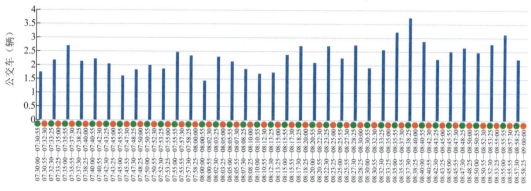

图 5-111 往西湖方向(南往北方向)早高峰日均通行公交车曲线图

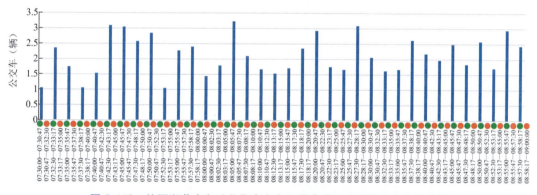

图 5-112 往石湖苑方向(北往南方向)早高峰日均通行公交车曲线图

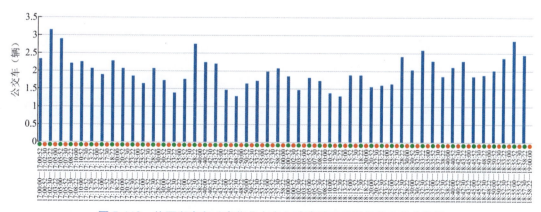

图 5-113 往西湖方向(南往北方向)晚高峰日均通行公交车曲线图

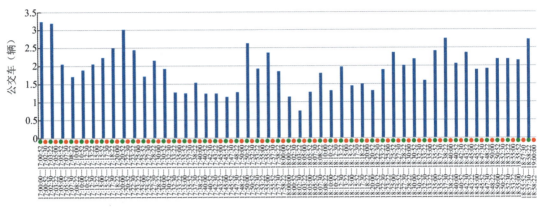

图 5-114　往石湖苑方向（北往南方向）晚高峰日均通行公交车曲线图

4. 治理方案

通过高德地图评诊治系统路口诊治功能提供的路口数据，以及公安交管部门的红绿灯周期数据，发现路口处通行公交车辆大于 3 辆时，车辆排队较长。经综合评估，选取通行公交车辆≥3 辆的时间段，进行红绿灯信号配时优化调整。早高峰时段，往西湖方向（南往北方向）在 8:35:00—8:40:00 时间区间内延长绿灯时间，往石湖苑方向（北往南方向）在 7:42:30—7:47:30 时间区间内延长绿灯时间。晚高峰时段，往西湖方向（南往北方向）在 19:10:00—19:17:30 时间区间内延长绿灯时间，往石湖苑方向（北往南方向）在 19:07:30—19:10:00 时间区间内延长绿灯时间。通过延长绿灯 5~10s，可帮助路口公交优先，提高公交出行效率，同时也缓解路口失衡问题。具体红绿灯优化调整方案详见表 5-17。

石湖路路口红绿灯建议调整时段及长度　　　　　　　　表 5-17

序号	高峰时段	运行方向	延长绿灯时间段	时间段长度
1	早高峰	往西湖方向（南往北方向）	8:35:00—8:40:00	5min
2		往石湖苑方向（北往南方向）	7:42:30—7:47:30	5min
3	晚高峰	往西湖方向（南往北方向）	19:10:00—19:17:30	7.5min
4		往石湖苑方向（北往南方向）	19:07:30—19:10:00	2.5min

案例小结

该调整方案是多方参与，共同努力得来的。惠州市交通运输局通过高德地图评诊治系统对路口各指标的监测、分析评估发现，南岸路—石湖路路口存在公交车辆通过率不高、路口失衡的问题。结合公安交管部门提供的红绿灯周期数据，车流量监测设备、电子警察卡口车流量数据，绘制早晚高峰时段公交车经过路口流量折线图，从图中可以清晰地看出公交车每个时段流量的变化，帮助交通运输管理部门有针对性地对各时段交通信号灯放行方案及配时方案进行优化，有效缓解排队情况，助力公交优先通过，缓解路口失衡问题。

精选案例二　优化云山西路—文昌一路路口红绿灯信号配时，助力公交优先

1. 项目背景

与精选案例一类似，选取云山西路—文昌一路路口，提出红绿灯信号配时调整方案供惠州市交警支队参考实施。

2. 现状分析

1）云山西路—文昌一路路口直行车辆排队较长，进口车道不满足需求

云山西路—文昌一路路口南北方向直行车辆较多，但是只有一条车道可以直行，导致直行车道通行能力不满足直行交通需求，造成直行车辆排队过长。

2）云山西路—文昌一路路口通过公交车辆较多

云山西路—文昌一路路口（图5-115）现有24条公交线路通行经过。2022年8月，工作日早高峰7:00—9:00时段日均有432辆公交车通行经过，工作日晚高峰17:30—19:00时段日均有362辆公交车通行经过。文昌一路路口处高峰时段公交车辆通行情况见表5-18。

图5-115　云山西路—文昌一路路口位置

文昌一路路口处公交车辆通行情况 表 5-18

序号	高峰时段	运行方向	日均通行公交（辆）
1	早高峰 7:00—9:00	往市政府（西往东方向）	136
2		往惠州大桥（东往西方向）	182
3		往博罗（南往北方向）	69
4		往华贸（北往南方向）	45
5	晚高峰 17:30—19:00	往市政府（西往东方向）	135
6		往惠州大桥（东往西方向）	146
7		往博罗（南往北方向）	50
8		往华贸（北往南方向）	31

3. 数据问诊

针对云山西路—文昌一路路口存在的直行车辆排队较长、进口车道不满足需求、路口通过公交车辆较多等现状问题，惠州市交通运输局使用高德地图评诊治系统的路口诊治功能，对云山西路—文昌一路路口进行诊断分析。

1）云山西路—文昌一路路口失衡

对研究范围内的所有路口进行扫描分析（图 5-116），发现云山西路—文昌一路路口为失衡路口，服务水平为 D 级。从细节上看，文昌一路南进口直行车辆排队长度为 93m，转向流量比为 28%，绿灯时间为 52s（图 5-117）；北进口车辆排队长度为 101m，转向流量比为 23%，绿灯时间为 34s。文昌一路北进口的绿灯时间短，但是转向流量比大，通行车辆多，右转车道几乎无排队。云山西路东进口直行车道排队 78m，右转车道几乎无排队。直行车道车流量大，排队较长，而右转车道放空，导致路口失衡。

2）早晚高峰信号灯周期

为解决路口失衡问题，提高早晚高峰公交出行效率，惠州市交通运输局结合交警支队提供的文昌一路路口红绿灯周期数据，绘制了文昌一路路口早晚高峰日均通行公交车曲线图（横轴代表在高峰时段每个红绿灯周期，纵轴代表红绿灯周期内通行公交车辆数）（早高峰曲线图如图 5-118～图 5-121 所示，晚高峰曲线图如图 5-122～图 5-125 所示），红绿灯周期数据见表 5-19。早高峰期间，往市政府方向（西往东方向）在 8:46:00—8:52:00 之间通过的公交车数量持续较多，往惠州大桥方向（东往西方向）在 7:42:30—7:45:47 之间通过的公交车数量出现峰值。通往博罗方向（南向北方向）、华贸方向（北往南方向）的公交车数量较少。

第 5 章　惠州市交通运输局项目

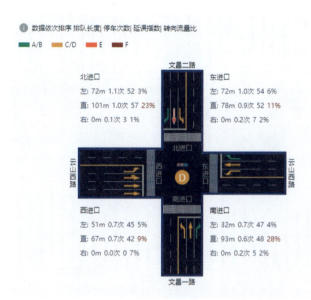

图 5-116　云山西路—文昌一路路口诊断图

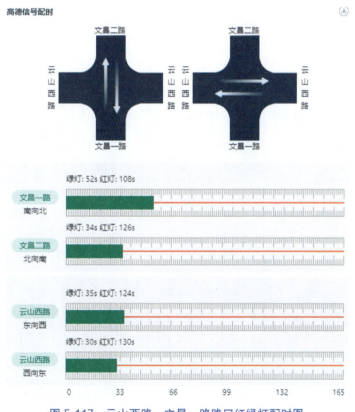

图 5-117　云山西路—文昌一路路口红绿灯配时图

121

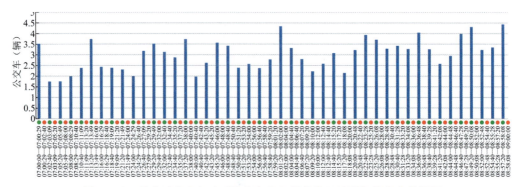

图 5-118　往市政府方向（西往东方向）早高峰日均通行公交车曲线图

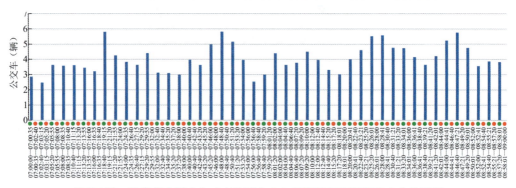

图 5-119　往惠州大桥方向（东往西方向）早高峰日均通行公交车曲线图

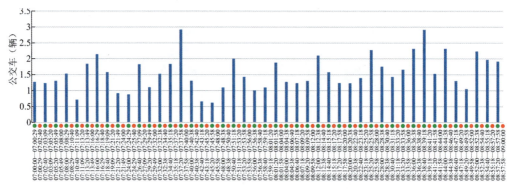

图 5-120　往博罗方向（南往北方向）早高峰日均通行公交车曲线图

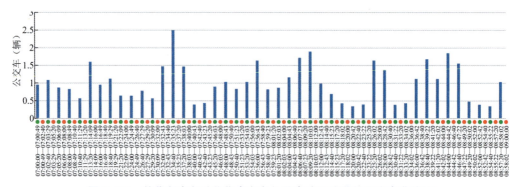

图 5-121　往华贸方向（北往南方向）早高峰日均通行公交车曲线图

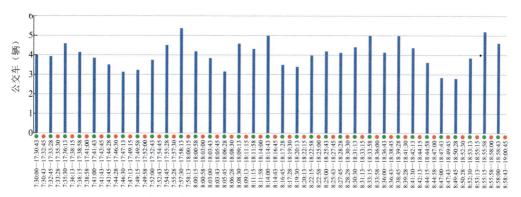

图 5-122　往市政府方向（西往东方向）晚高峰日均通行公交曲线图

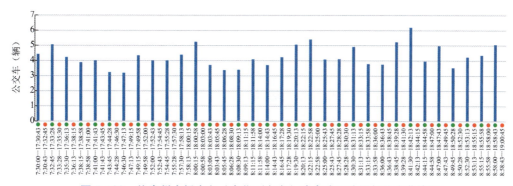

图 5-123　往惠州大桥方向（东往西方向）晚高峰日均通行公交曲线图

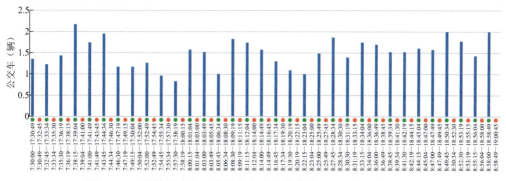

图 5-124　往博罗方向（南往北方向）晚高峰日均通行公交曲线图

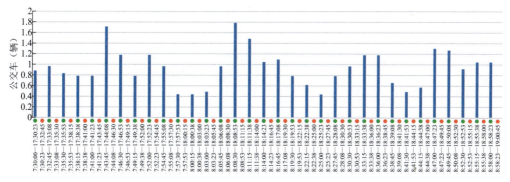

图 5-125　往华贸方向（北往南方向）晚高峰日均通行公交曲线图

文昌一路路口红绿灯周期数据　　　　　　　　　　　　　　　　表 5-19

序号	高峰时段	运行方向	绿灯时间	周期（s）
1	早高峰 7:00—9:00	往市政府方向（西往东方向）	7:00—7:30 时段，49s 7:30—8:15 时段，43s 8:15—9:00 时段，42s	160
2		往惠州大桥（方向东往西方向）	7:00—7:30 时段，29s 7:30—8:15 时段，38s 8:15—9:00 时段，38s	
3		往博罗方向（南往北方向）	7:00—7:30 时段，47s 7:30—8:15 时段，40s 8:15—9:00 时段，48s	
4		往华贸方向（北往南方向）	7:00—7:30 时段，35s 7:30—8:15 时段，40s 8:15—9:00 时段，41s	
5	晚高峰 17:30—19:00	往市政府方向（西往东方向）	23s	165
6		往惠州大桥方向（东往西方向）	49s	
7		往博罗方向（南往北方向）	43s	
8		往华贸方向（北往南方向）	43s	

早高峰东西向通行的公交车辆多于南北向，其中，往市政府方向超过 4 辆公交车的红绿灯周期有 5 个，分别是有 08:01:20—08:02:00、08:36:00—08:36:48、08:46:40—08:47:28、08:49:20—08:50:08、08:57:20—08:58:08；往惠州大桥方向超过 4 辆公交车的红绿灯周期有 19 个（详见表 5-20）。晚高峰南北向均无超过 4 辆公交车的红绿灯周期。

早高峰时段往惠州大桥方向超过 4 辆公交车的红绿灯周期　　　　表 5-20

序号	红绿灯周期	序号	红绿灯周期	序号	红绿灯周期
1	07:18:40—07:19:15	8	08:09:20—08:10:00	15	08:36:00—08:36:41
2	07:21:20—07:21:55	9	08:20:00—08:20:41	16	08:41:20—08:42:01
3	07:29:20—07:29:55	10	08:22:40—08:23:21	17	08:44:00—08:44:41
4	07:45:20—07:46:00	11	08:25:20—08:26:01	18	08:46:40—08:47:21
5	07:48:00—07:48:40	12	08:28:00—08:28:41	19	08:49:20—08:50:01
6	07:50:40—07:51:20	13	08:30:40—08:31:21		
7	08:01:20—08:02:00	14	08:33:20—08:34:01		

晚高峰东西向通行的公交车辆多于南北向，其中，往市政府方向超过 4 辆公交车的红绿灯周期有 17 个，往惠州大桥方向超过 4 辆公交车的红绿灯周期有 22 个（详见表 5-21）。晚高峰南北向均无超过 4 辆公交车的红绿灯周期。

晚高峰时段超过 4 辆公交车的红绿灯周期　　表 5-21

序号	往市政府方向 （西往东方向）	往惠州大桥方向 （东往西方向）	序号	往市政府方向 （西往东方向）	往惠州大桥方向 （东往西方向）
1	17:35:30—17:36:13	17:30:00—17:30:43	12	18:33:15—18:33:58	18:19:30—18:20:13
2	17:38:15—17:38:58	17:32:45—17:33:28	13	18:36:00—18:36:43	18:22:15—18:22:58
3	17:54:45—17:55:28	17:35:30—17:36:13	14	18:38:45—18:39:28	18:25:00—18:25:43
4	17:57:30—17:58:13	17:41:00—17:41:43	15	18:41:30—18:42:13	18:27:45—18:28:28
5	18:00:15—18:00:58	17:49:15—17:49:58	16	18:55:15—18:55:58	18:30:30—18:31:13
6	18:08:30—18:09:13	17:52:00—17:52:43	17	18:58:00—18:58:43	18:38:45—18:39:28
7	18:11:15—18:11:58	17:54:45—17:55:28	18		18:41:30—18:42:13
8	18:14:00—18:14:43	17:57:30—17:58:13	19		18:47:00—18:47:43
9	18:25:00—18:25:43	18:00:15—18:00:58	20		18:52:30—18:53:13
10	18:27:45—18:28:28	18:11:15—18:11:58	21		18:55:15—18:55:58
11	18:30:30—18:31:13	18:16:45—18:17:28	22		18:58:00—18:58:43

4. 治理方案

由于南北向通行的公交车辆少于东西向的公交车辆，选取东西方向通行公交车辆 ≥ 4 辆的时间段，进行红绿灯信号配时优化调整。早高峰时段，往市政府方向（西往东方向）在 8:46:00—8:52:00 时间区间内延长绿灯时间，往惠州大桥方向（东往西方向）在 7:45:20—7:53:20 时间区间内延长绿灯时间。晚高峰时段，往市政府方向（西往东方向）在 17:56:30—18:02:00 时间区间内延长绿灯时间，往惠州大桥方向（东往西方向）在 18:40:30—18:46:20 时间区间内延长绿灯时间。通过延长绿灯 5～10s，进行红绿灯信号配时优化调整，助力路口公交车优先通行。具体红绿灯优化调整方案详见表 5-22。

文昌一路路口红绿灯建议调整时段及长度　　表 5-22

序号	高峰时段	运行方向	延长绿灯时间段	时间段长度
1	早高峰	往市政府方向（西往东方向）	8:46:00—8:52:00	5.3min
2		往惠州大桥方向（东往西方向）	7:45:20—7:53:20	8min
3	晚高峰	往市政府方向（西往东方向）	17:56:30—18:02:00	5.5min
4		往惠州大桥方向（东往西方向）	18:40:30—18:46:20	5.5min

📋 案例小结

该调整方案是多方参与，共同努力得来的。惠州市交通运输局通过高德地图评诊治系统的路口诊治功能，对云山西路—文昌一路路口进行分析评估，发现该路口存在路口失衡的问题，同时与公安交管部门进行数据联动，对早晚高峰时段公交车经过路口的流量进行统计，并绘制折线图，从图中可以清晰地看出公交车每个时段流量的变化，帮助交通运输管理部门有针对性地对各时段红绿灯进行调整，有效缓解路口失衡导致的排队情况，助力公交优先通过，提高通行效率，改善交通环境。

5.3.3 定制公交服务

精选案例　聚焦学生离校出行需求，数据支撑开展定制公交服务

📋 方 法 论

依靠高德地图评诊治系统的互联网数据，可精细支持定制公交服务，为其数字化赋能。聚焦学生离校出行需求，对其进行数据监测和分析，结合公交运营实际情况提供校园定制公交服务，实现从单一人工到"数据决策＋定制公交服务运营的结合"，助力公交管理服务向数据赋能高质量发展。通过制订交通项目商业化实施方案，提供定制公交线路，达到日均售票量良好的运行效果。

📋 实战方案

1. 项目背景

定制公交是公交公司根据出行需求和客流情况，为相同出行地点、出行时间和目的地等出行需求人群量身定制的一种新型公共交通服务。为解决现有公交运营不能满足学生出行需求的问题，基于 TOCC 出行数据和高德地图评诊治系统精准全量 OD 数据，选取惠州市技师学院为试点研究区域，分析学生周五离校出行需求量、出行时间以及出行目的地等特征，并结合现状公交运营实际情况提出校园定制公交开通建议，探索以数据支撑定制公交服务，推动公交管理服务向"数据决策"转型。

2. 现状分析

以高德地图评诊治系统全量 OD 数据和 TOCC 出行数据为精准参考，惠州市技师学院现有常规公交已基本覆盖周五高峰时段学生离校前往惠城和仲恺方向的出行需求，而往博罗、惠东及惠阳方向尚无公交线路覆盖（图 5-126）。

图 5-126　高峰时段公交未覆盖出行目的地

3. 数据问诊

根据 TOCC 出行数据和高德地图评诊治系统精准全量 OD 数据，对惠州市技师学院学生周五离校出行的需求量、出行时间以及目的地等特征进行分析。学生离校出行特征如下。

（1）在出行时间方面：周五惠州市技师学院学生离校高峰时段[①]为 16:00—19:00（图 5-127）。

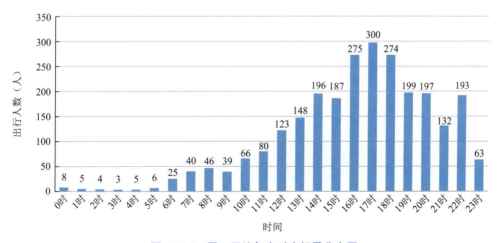

图 5-127　周五平均每小时出行量分布图

---

① 高峰时段指日均小时出行量超过 200 人的时段。

（2）在出行目的地方面：周五高峰时段（16:00—19:00）惠州市技师学院学生离校出行目的地主要有惠城区（江北、河南岸和东平）、仲恺区、博罗县（罗阳街道）、惠东县（大岭和平山街道）和惠阳区（淡水街道），往龙门县及大亚湾区出行人数较少（表5-23，图5-128）。

周五高峰时段惠州市技师学院学生离校出行各县区数量　　　　　表5-23

时段	惠城区	博罗县	惠东县	惠阳区	仲恺区	大亚湾区	龙门县
16时	162	44	32	13	17	2	3
17时	188	60	20	13	12	2	4
18时	149	55	26	18	19	4	2

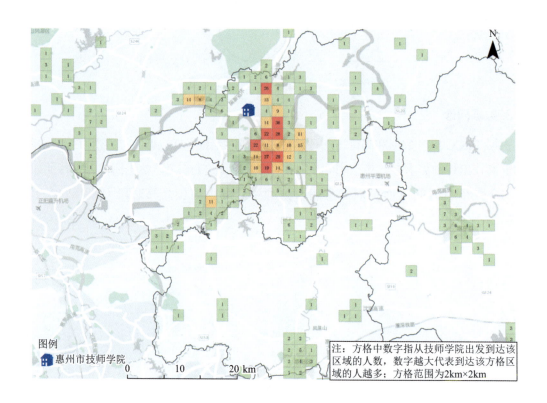

图5-128　学生周五离校出行空间特征

4. 治理方案

定制公交开通建议：结合学生周五集中出行时段和目的地区域，并匹配现有公交线路情况，为保障学生出行需求，建议在高峰时段（16:00—19:00）开通往博罗方向、惠东方向及惠阳方向的定制公交。

5. 实施效果

在数据分析基础上，结合公交运营实际情况，于 2023 年 3 月 3 日 15:30—17:00 时段试点开通了往博罗罗阳，惠东大岭和平山，惠阳永湖和淡水的 4 条定制公交线路。从后续售票情况来看，校园定制公交运行良好，有效保障了周五时段学生离校出行需求（图 5-129）。

定制公交线路开通以来，周五惠州市技师学院往博罗方向日均售票 92 张（占高峰时段往博罗方向出行人数的 61%），往惠东方向日均售票 72 张（占高峰时段往惠东方向出行人数的 92%），往惠阳方向日均售票 22 张（占高峰时段往惠阳方向出行人数的 50%）。

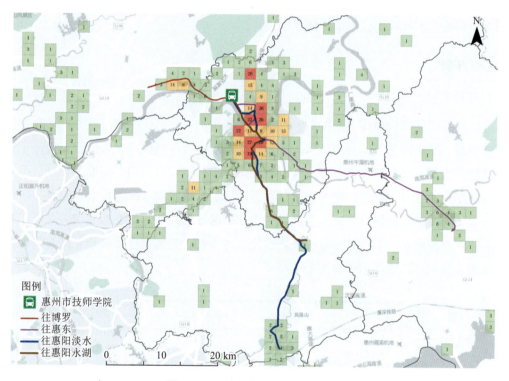

图 5-129　校园定制公交开通线路

案例小结

本案例基于高德地图评诊治系统全量 OD 数据，对惠州市技师学院周五离校出行需求进行挖掘，结合现状公交运营实际情况，提出校园定制公交开通建议，公交管理部门根据学生出行需求进行精准的公交线路和班次规划，提供更加贴近学生实际出行需求的公交服务。同时，还通过数据分析和挖掘，为提高公共交通服务质量、促进公共交通发展，提供了有益的参考和借鉴。

5.3.4 智慧停车服务

精选案例一　辅助提升智慧停车楼服务水平

方法论

基于高德地图评诊治系统互联网数据，为智慧停车服务数字赋能提供精细化支撑，针对智慧停车场服务区域展开职住数据监测分析，充分利用周边智慧停车楼开展车位共享，可达到停车位适度扩容效果，完成从单一人工到"数据量化治理＋智慧停车服务运营"的结合，助力惠州市交通运输局挖掘停车需求，解决停车难问题，从源头入手在出行时段分析的基础上提出交通改善建议。为制订交通项目商业化实施方案，推出日间卡、夜间卡和全天卡等套餐，实现月均订单量阶梯式增长。

实战方案

1. 项目背景

为实现城市停车资源高效配置，解决市民"停车难"问题，惠州市着力推动数字化治理模式创新，赋能智慧停车应用，深入推进城市停车领域信息化建设，持续汇聚停车资源及运营管理数据，并加强数据开放共享，提升市民出行体验。利用高德地图评诊治系统数据作为精细化的参考，对智慧停车场及其服务区域、周边路网状况进行数据监测分析，合理满足周边停车需求的同时，减少了因寻找停车资源导致的绕行与交通拥堵，降低了碳排放，并实现智慧停车楼等订单数量的大幅增长。图 5-130 是智慧停车规划思路与高德地图评诊治系统数据精准支撑相结合的分析路径。

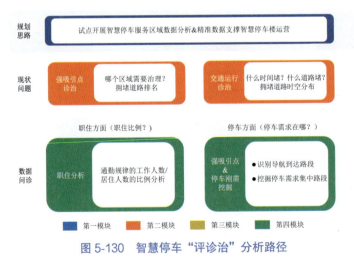

图 5-130　智慧停车"评诊治"分析路径

注：在评诊治系统中，通过不同模块下的功能可以实现分析。

2. 现状分析

以高德地图评诊治系统精准数据作为参考，可支撑智慧停车楼的运营。为解决停车难题，高效助力提升停车服务，选取文华一路试点开展数据分析应用。

智慧停车服务数据显示文化一路及周边区域停车位配建总量充足，但停车资源利用率不高。根据高德地图评诊治系统中"工具组件分析"下的"任意区域职住分析"数据对智慧停车场及其服务区域、周边路网状况进行数据监测研判，挖掘周边停车需求的同时，以数据精细化支撑并指导智慧停车服务运营规划（图5-131）。

图 5-131　文华一路智慧停车场位置示意图

1）交通小区通勤诊断

通过高德地图评诊治系统中"工具组件分析"下"任意区域职住分析"互联网人地数据精细化研判，该停车楼周边区域早高峰停车难。

2）职住比诊断

该停车楼周边区域日均通勤工作人口 14382 人，日均通勤居住人口 983 人，职住比[①]高达 14.6，属于职集中地（工作集中地）。

3）出勤方式分布

全天驾车通勤到达 9841 人，占区域通勤人口的 68.40%；公交通勤到达 3959 人，占区域通勤人口的 27.50%；骑步行通勤到达 582 人，占区域通勤人口的 4%；早高峰时段驾车通勤到达约 4118 人，占区域早高峰通勤人口的 66.60%（图 5-132）。

图 5-132 文华一路智慧停车场服务半径区域

3. 数据问诊

1）机动车出行强度大

文华一路的交通出行结构中，私家车出行占比约为 66.60%，公交和骑步行占比 31.5%，需高效配置停车资源（图 5-133）。

---

① 职住比指区域内有通勤规律的工作人数与居住人数的比值，指数在[0.8,1.2]之间表示区域职住均衡，反之不均衡。职住比：住集中地(-∞,0.2)，多住少职[0.2,0.8)，职住相当[0.8,1.2]，多职少住(1.2,4)，职集中地(4,+∞)。

第 5 章　惠州市交通运输局项目

图 5-133　文华一路智慧停车场职住均衡情况诊断

2）通勤时间集中

文华一路停车场服务半径区域驾车通勤每天最拥堵的时段分别在 5:00—9:00，由于上班造成交通流短时集聚，早高峰的通勤特征明显（图 5-134）。

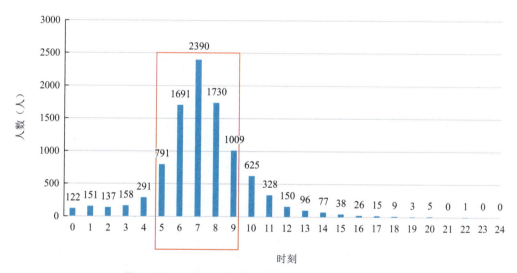

图 5-134　文华一路停车场服务半径区域驾车通勤人数

3）停车需求挖掘

导航高到达路段识别区域停车需求集中在文明一路、三新南路、三新环路等，通过车辆行为轨迹与地图信息，关联道路与目的地的关系，可挖掘高到达的路段，识别停车强需求路段。早高峰时段文明一路、三新南路、三新环路等路段到达率高于 80%（图 5-135）。

133

图 5-135 "强吸引点&停车强需挖掘"模块——停车强需求路段

4. 实施效果

利用高德地图评诊治系统精准数据作为参考，挖掘智慧停车楼周边职住比例及出行方式的分布统计，实现数据支撑智慧停车服务运营规划。目前已对文华一路智慧停车楼、新岗北路智慧停车楼、河南岸公园智慧停车场等进行了数据分析并利用其支撑智慧停车服务运营。

1）文华一路智慧停车楼

文华一路智慧停车楼自 2022 年 2 月底推出"日间卡"套餐以来，已实现订单数量从月均一千多笔至七千多笔的阶梯式增长，有效促进了城市停车资源的高效配置（图 5-136）。

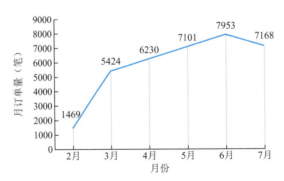

图 5-136 文华一路智慧停车场月订单数折线图

2）新岗北路智慧停车楼

新岗北路智慧停车楼针对性推出"日间卡"优惠套餐，"日间卡"使用时间为 7:00—21:00。自 2022 年 2 月 26 日推出以来，智慧停车楼的月订单量呈上升趋势。同年 7 月，新岗北路智慧停车楼的月订单量为 3043 笔，相较于 2 月的 342 笔，增加 2701 笔，涨幅 790%；

有效月卡共 38 张，其中日间卡 36 张，全天卡 2 张（图 5-137）。

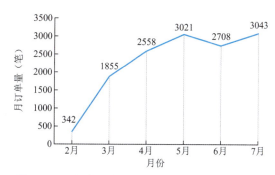

图 5-137　新岗北路智慧停车场月订单数折线图

3）河南岸公园智慧停车场

河南岸公园智慧停车场针对性推出"全天卡"和"夜间卡"优惠套餐，自 2022 年 2 月底推出优惠套餐以来，实现了订单数量从月均六千多笔至一万多笔的爆发式增长（图 5-138）。

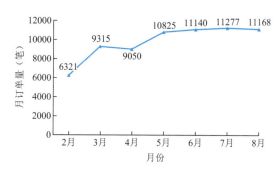

图 5-138　河南岸公园智慧停车场月订单数折线图

案例小结

缓解工作集中地周边交通拥堵问题的关键在于对停车资源的有效挖掘，以及覆盖"点、线、面"的精细化交通组织方法。强化数据赋能业务，高效助力停车服务试点，开展智慧停车场服务区域数据分析，指导推出日间卡、夜间卡和全天卡等套餐，实现了停车场月均订单量的阶梯喷发式增长。在满足市民停车需求、高度释放停车潜能、提升便民服务能力的同时，也减少了因寻找停车位导致的绕行与交通拥堵，有效促进节能减排，优化交通秩序。

精选案例二　加强数据共享开放，便利市民停车出行

方法论

基于互联网地图平台高德地图的停车导航服务，针对"互联网+"停车便民共享业务打通

停车数据开放共享路径,将公共停车位、路边停车位静态与动态信息关联开放至高德地图。实现从单一规划到"线上高德地图导航系统与线下停车诱导屏相结合"的模式,助力惠州市交通运输局将公共停车数据在移动端向社会公众开放,停车业务数据共享,为交通运输管理部门实施的项目提供业务整合平台,持续在高质量发展中提升市民出行停车服务品质。本案例以公共停车数据共享开放的工作作为切口,体现了社会交通出行改善对民生福祉的提升。

实战方案

1. 项目背景

随着经济社会快速发展,惠州市机动车保有量增长迅猛,截至 2022 年 11 月底,全市机动车保有量为 202.5 万辆。与此同时,由此带来的交通拥堵、车位供需矛盾也日益凸显。

为解决这一难题,提升居民出行幸福感,需强化数据赋能,高效助力停车服务:一方面支持在市政务数据中心完成惠州市公共停车数据编目挂接,推动政务部门数据共享应用;另一方面借助互联网地图平台和路面诱导屏开放公共停车场、路边停车位实时动态信息,面向社会公众开放公共停车信息。

2. 现状分析

1)政务部门公共停车数据有序共享

截至 2022 年 11 月 30 日,惠州市累计 201 个公共停车场(包括道路停车位、机械式停车场和自走式停车场)共有 18385 个停车位,已落实并推进公共停车数据在政务部门之间的有序共享。打通公共停车场数据开放路径,接入高德地图平台发挥其数据、生态和应用的优势,可将政务部门和公众出行服务有机融为一体(图 5-139)。

图 5-139 政务大数据中心资源截图

2）面向社会公众，推进公共停车信息高效开放

惠州市交通运输局携手高德地图，通过数字科技手段——"高德地图线上导航系统与线下停车诱导屏相结合"的动静态方式，引导车辆至停车场，充分实现周边停车资源共享。使停车状况能够被"精准感知"，并实现"精准分析"（图 5-140）。

图 5-140　线下停车诱导屏

3. 治理方案

1）高德地图导航系统"交通出行"能力

停车场出行应用场景：高德地图基于导航软件的"停车导航"功能，实现市民驾车出行前、出行中及出行后三种场景全覆盖的动态停车引导，提升公众出行停车体验感。

出行前，在高德地图搜索指定区域或目的地，页面将自动推荐该区域附近优质停车场，市民可查看相关停车场的收费标准和剩余车位情况，提前做好出行停车规划（图 5-141）。

图 5-141　出行前，市民通过高德地图导航查询附近停车场信息

出行中，市民通过高德地图导航查看线路，导航将自动弹出目的地附近停车场。

出行后，开启高德地图导航"停车雷达"驾驶至任意位置，导航将显示该区域停车场信息供市民参考选择，或是到达指定红绿灯路口，接收诱导屏推送停车场实时停车位信息，提升了市民获取公共停车信息的便利度，适合市民多样化停车出行应用场景（图5-142）。

图 5-142　行中、行后，市民应用场景

2）线下停车诱导屏部署

路口诱导屏信息发布：高德地图会同惠州市交警中队，依托惠州市政务大数据中心，开放并推送公共停车场信息至路面诱导屏，打通停车场数据开放路径，接入高德地图平台。

路外公共停车场数据：高德地图助力惠州市交通运输局对接惠州市交通投资集团有限公司（简称市交投集团），打通公共停车场数据开放路径，将路外停车场（含智慧停车楼）静态与动态信息关联开放至高德地图，实现公共停车数据在移动端向社会公众开放。

路边公共停车位数据开放：协调市交投集团持续增加数据开放力度，在开放路外公共停车场数据至高德地图平台的基础上，进一步开放路边公共停车位数据，提升公共停车数据服务，满足市民多样化的出行停车需求。

4. 实施效果

为积极推动"互联网+"交通便民服务，开放共享公共停车数据，满足多样化、个性化的出行服务需求，线下停车诱导效果如下：

1）路口诱导屏信息发布效果

在现有的 148 块诱导屏中选取具备实施空间的 41 块交警诱导屏，开放接入 24 个公共停车场信息，实现市区重点路口原有交警诱导屏的路况信息与停车场车位使用信息轮播。

2）路外公共停车场数据开放效果

截至 2022 年 11 月 30 日，市交投集团运营管理的 57 个路外停车场（包括智慧停车场）信息接入高德地图，实现了市民在移动端可实时获取路外公共停车场位置路线、收费标准、实时剩余车位等信息。

3）路边公共停车位数据开放效果

截至 2022 年 12 月 21 日，已实现中心城区 172 条路边停车位信息（包括停车位位置、收费标准、剩余车位等信息）实时开放至高德地图，提升了市民路边临时停车信息服务水平（图 5-143）。

图 5-143　路边停车场确认信息

案例小结

高德地图平台与路面诱导屏的数据共享，可以提供更加畅通、准确、安全可靠的服务，对诱导路段施行科学有效的治理方案，从而实时合理地分配公共停车场、路边停车位，使停车状况能够被"精准感知"，并实现"精准分析"，从而缓解道路拥堵，全面提升交通服务水平。

精选案例三 探索停车服务新模式，提升公共停车服务水平

方法论

基于高德地图评诊治系统数据，为"共享停车场＋共享单车"服务模式提供数据精确分析，根据POI（兴趣点）到达强吸引力挖掘智慧停车场服务范围，科学选择单车规划点位。完成从单一人工到"数据量化治理＋TOCC交通通行出行数据相结合"，助力惠州交通运输局进一步提升多场景公共出行服务能力，提高停车场使用率，同时缓解周边交通拥堵并持续推广绿色出行。

实战方案

1. 项目背景

为缓解重要商圈、医院、公园、学校和小区等区域智慧停车场无法覆盖的难题，惠州大力推进"共享停车＋共享单车"服务新模式，减少停车场的资源闲置，充分满足广大市民停车需求，共同为促进城市绿色出行提供了可持续解决方案，为公众出行带来更多便利。

2. 现状分析

部分智慧停车场的服务范围无法覆盖到重要商圈、医院、公园、学校和小区等公众出行热门目的地，公共停车资源供需空间不平衡，部分建成的智慧停车楼利用率不高。

3. 数据问诊

1）识别智慧停车场服务范围

高德地图会同市交投集团，结合智慧停车场的经营情况、位置特点，选取江北片区的市民服务中心智慧停车场、东江公园智慧停车场和龙丰片区的东江体育场停车场，具体空间服务范围如图5-144所示。

2）试点单车规划点位

利用高德地图评诊治系统中"交通精细诊治"下"强吸引点诊治"挖掘分析商场、景区、学校、医院、机场和火车站六大类强吸引点，并结合TOCC交通通勤出行数据，精准识别驾车通勤出行人群的分布，在此基础上，利用GIS空间分析，将市民服务中心智慧停车场、东江公园智慧停车场和东江体育场停车场服务范围与驾车通勤出行人群分布进行叠加分析，获取试点停车场服务范围内的驾车通勤出行热门目的地（图5-145）。

第5章 惠州市交通运输局项目

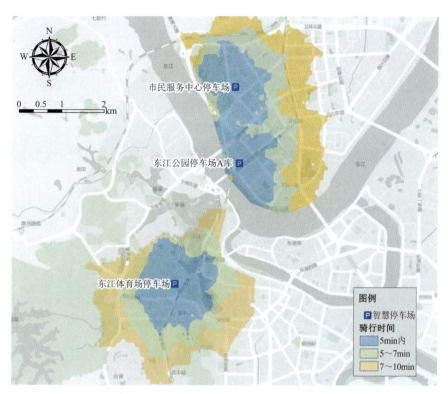

图 5-144 试点停车场位置及空间服务范围

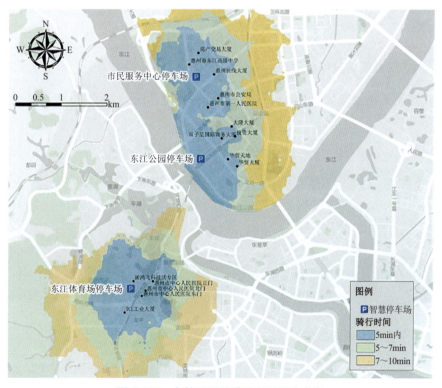

图 5-145 各热门目的地骑行时间分布图

141

4. 治理方案

共享停车"最后一公里"困扰，共享单车来"接驳"。开展"共享停车场+共享单车（P+B）"模式试点数据分析，综合考虑步行和自行车服务空间距离和时间消耗，"共享停车场+共享单车"模式服务空间可覆盖以停车场为中心，自行车骑行 5min 内所能到达的区域。

经过高德地图评诊治系统数据挖掘，选取骑行时间 5min 内，日均驾车通勤量前五的热门目的地作为布设自行车的停放点。

1）针对市民服务中心智慧停车楼

建议在惠州市第一人民医院、惠州市公安局、惠州市东江高级中学、惠州长线大厦和房产交易大厦试点配套设置自行车停放设施（表 5-24）。

市民服务中心智慧停车场服务范围热门点位前五详情　　　表 5-24

序号	热门目的地	日均驾车通勤量（辆）	骑行时间
1	惠州市第一人民医院	3219	5min 内
2	惠州市公安局	612	5min 内
3	惠州市东江高级中学	373	5min 内
4	惠州长线大厦	309	5min 内
5	房产交易大厦	194	5min 内

2）针对东江公园智慧停车楼

建议在华贸天地、华贸大厦、双子星国际商务大厦、投资大厦和大隆大厦试点配套设置自行车停放设施（表 5-25）。

东江公园智慧停车场服务范围热门点位前五详情　　　表 5-25

序号	热门目的地	日均驾车通勤量（辆）	骑行时间
1	华贸天地	4281	5min 内
2	华贸大厦	2456	5min 内
3	双子星国际商务大厦	1594	5min 内
4	投资大厦	1068	5min 内
5	大隆大厦	563	5min 内

3）针对东江体育场停车场

建议在惠州市中心人民医院（东门）、惠州市中心人民医院（正门）、TCL 工业大厦、新鸿飞科技沃专区和惠州市中心人民医院（北门）试点配套设置自行车停放设施（表 5-26）。

东江体育场智慧停车场服务范围热门点位前五详情表　　　　表 5-26

序号	热门目的地	日均驾车通勤量（辆）	骑行时间
1	惠州市中心人民医院（东门）	3114	5min 内
2	惠州市中心人民医院（正门）	1215	5min 内
3	TCL 工业大厦	357	5min 内
4	新鸿飞科技沃专区	284	5min 内
5	惠州市中心人民医院（北门）	256	5min 内

案例小结

利用高德地图评诊治系统中的"交通精细诊治"下的"强吸引点诊治"功能，可以针对位于城市/行政区范围内的商场、景区、学校、医院、机场和火车站等强吸引点进行交通影响的识别与诊断分析，结合"共享停车＋共享单车"的模式，既盘活了停车资源，又让长距离行驶的汽车与短距离出行的自行车实现无缝接驳，让出行更便利，提升了用户的绿色出行体验。通过细致入微的道路交通综合治理，来解决矛盾集中的停车难问题。

第 6 章

西安市交通信息中心项目

6.1 西安市交通优化提升监测月报

方法论

基于高德评诊治系统的交通路况数据，对城市路网、城市道路、学校医院周边道路以及节假日等全市交通运行情况进行数据监测分析，完成从人工预测分析到数据监控的量化感知，助力管理者识别城市交通拥堵规律等，为管理者强化城市交通运行监测分析、提高城市综合交通出行效率、制定全方位治理方案提供数据参考。

实战方案

1. 项目背景

《西安市交通优化提升监测月报》（图 6-1）以西安市交通运输行业数据资源为依托，结合高德评诊治系统的交通路况数据，通过对交通运行态势进行分析挖掘，为市领导、行业各主管处室领导等提供交通运输各领域发展情况、交通运行状态与交通保障情况数据。每月定期呈报市委市政府主要领导，并下发至各区县，由各区县对每月拥堵排名前十的路段进行原因分析及精准治理，并在下期月报中进行反馈。该月报自 2020 年 5 月编制以来，不断受到各级领导关注和好评。在 2022 年第 6 期月报上，西安市委书记方红卫批示"这个分析很好"。

该报告监测分析对象为西安市城市交通运行总体状况，以月为监测分析周期（如图 6-1 所示统计数据区间为 2023 年 6 月 26 日—7 月 25 日）。结合日期特征和时间特征，重点从全市中心城区（包含十三个区县、开发区）和道路等空间维度分析城市的交通态势。

工作日：早高峰（7:00—9:00），晚高峰（17:00—19:00）。

非工作日：早高峰（10:00—12:00），晚高峰（16:00—18:00）。

> # 西安市交通优化提升监测月报
>
> **2023 年第 7 期（总第 39 期）**
>
> 西安市交通运输局　　　　　　　　　　2023 年 7 月 28 日
>
> ## 1【指标说明】
>
> 　　本报告监测分析对象为西安市城市交通运行总体状况，以月为监测分析周期（统计数据区间为 2023 年 6 月 26 日-2023 年 7 月 25 日）。结合日期特征和时间特征，重点从全市中心城区（包含十三个区县、开发区）和道路等空间维度分析城市的交通态势。
>
> 　　工作日：　早高峰（7:00-9:00），　晚高峰（17:00-19:00）；
>
> 　　非工作日：早高峰（10:00-12:00），　晚高峰（16:00-18:00）。
>
> 　　本报告中部分指标设定依据《城市交通运行状况评价规范》（GB/T 33171-2016），重点指标含义如下：
>
> 　　**（一）交通指数：** 综合反映道路或道路网交通运行状况的无量纲数值，交通指数与运行状况等级关系如下：
>
> | 交通指数 | [0,2) | [2,4) | [4,6) | [6,8) | [8,10] |
> |---|---|---|---|---|---|
> | 运行状况等级 | 畅通 | 基本畅通 | 轻度拥堵 | 中度拥堵 | 严重拥堵 |
>
> 　　**（二）累计拥堵时长：** 道路或道路网处于严重拥堵等级持续时间的累计值（单位：小时）。

图 6-1 《西安市交通优化提升监测月报》截图

2. 数据监测

1）城市路网监测

以城市路网为着眼点，根据高德地图数据收集西安市近一周的"交通拥堵指数"数据进行分析。西安市出行核心区 2022 年 7 月份工作日高峰交通指数为（5.07），处于轻度拥堵级别，在全国主要城市中排名第 11 位，如图 6-2 所示。

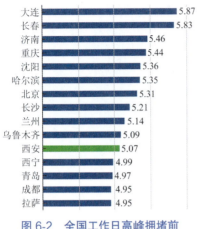

图 6-2 全国工作日高峰拥堵前十五的大中城市排名

通过高德地图评诊治系统"交通精细诊治"下的"强吸引点诊治"统计各行政区数据可得，行政区（城六区＋长安区）高峰期交通指数为 5.23，处于轻度拥堵级别，拥堵排名前三的是碑林区、新城区和莲湖区。开发区高峰交通指数为 3.88，处于基本畅通级别，拥堵排名前三的是高新区、经开区和曲江新区。

交通指数：通过高德地图评诊治系统"交通精细诊治"下的"交通运行诊治"统计，本月工作日晚高峰（5.57）及早高峰（4.59）均处于轻度拥堵级别，全天（3.11）处于基本畅通级别。非工作日早高峰、晚高峰及全天平均交通指数均小于工作日。其中，工作日周四最拥堵，非工作日周六较拥堵，如图 6-3、图 6-4 所示。

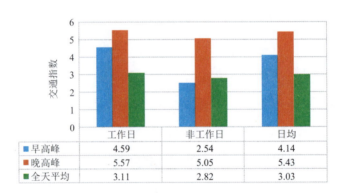

图 6-3 全市交通指数

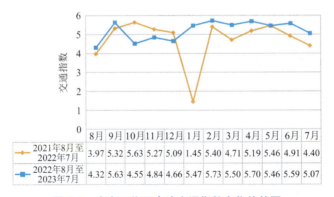

图 6-4 全市工作日高峰交通指数变化趋势图

通过高德地图评诊治系统"交通精细诊治"下的"强吸引点诊治"统计，本月全市各区县高峰交通指数处于中度拥堵级别的行政区是碑林区（7.69）、新城区（6.49）和莲湖区

（6.00），处于轻度拥堵级别的是雁塔区（5.87）和未央区（4.20），处于基本畅通级别的是长安区（3.36）和灞桥区（3.02），如图 6-5 所示。

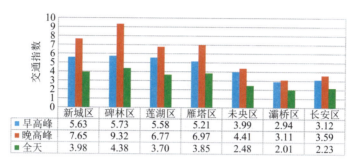

图 6-5　各区县交通指数

通过高德地图评诊治系统"交通精细诊治"下的"强吸引点诊治"统计，本月全市开发区高峰交通指数处于轻度拥堵级别的是高新区（5.21）、经开区（5.12）和曲江新区（4.96），处于基本畅通级别的是航天基地（3.21）、浐灞生态区（2.76）和国际港务区（2.00），如图 6-6 所示。

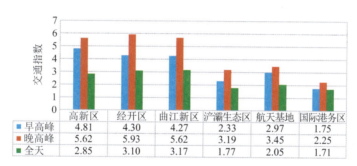

图 6-6　各开发区交通指数

2）城市道路监测

（1）全市拥堵排名前十区域：

通过高德地图评诊治系统"交通精细诊治"下的"路段诊治"统计，本月在全市中心城区内，月累计拥堵时长排名前十的区域高峰指数均大于 5，处于轻度拥堵及以上级别，见表 6-1。

西安市拥堵时长排名前十的区域　　表 6-1

排名	区域名称	累计拥堵时长（h）	高峰指数	平均车速（km/h）	最堵时刻
1	小寨	381	10.00	11.88	18:00
2	金花路	189	10.00	17.55	18:00
3	胡家庙	174	9.82	18.13	18:00

续上表

排名	区域名称	累计拥堵时长（h）	高峰指数	平均车速（km/h）	最堵时刻
4	广济街	169	6.38	12.49	20:00
5	西华门	82	5.63	11.73	18:00
6	长安路	69	7.33	17.32	18:00
7	环城南路	44	5.61	18.88	18:00
8	经济技术开发区	42	7.92	16.34	18:00
9	红庙坡	38	6.67	17.28	08:00
10	文艺路	37	5.37	18.19	18:00

（2）全市拥堵排名前十路段：

通过高德地图评诊治系统"交通精细诊治"下的"路段诊治"统计，本月全市普通道路拥堵排名前十的路段高峰指数均大于7，处于中度拥堵及以上级别，见表6-2。

西安市拥堵时长排名前十的路段　　　　表6-2

排名	道路名称	方向	累计拥堵时长（h）	高峰指数	平均车速（km/h）	最堵时刻	所属区县
1	长安中路	从长安北路到雁塔西路与长安路口-由北向南	410	10.00	14.31	18:00	雁塔区
2	长安中路	从雁塔西路与长安路口到长安北路-由南向北	377	9.13	18.23	18:00	雁塔区
3	北大街	从安远门到钟楼-由北向南	368	10.00	12.96	18:00	莲湖区
4	小寨东路	从雁塔北路到小寨西路口-由东向西	316	10.00	15.22	18:00	雁塔区
5	环城东路北段	从太华南路到环城东路南段-由北向南	306	10.00	15.26	18:00	新城区
6	太乙路	从环城南路与环城东路口到西延路-由北向南	275	10.00	17.53	18:00	碑林区
7	环城西路北段	从环城西路南段到星火路-由南向北	241	7.91	24.97	18:00	莲湖区
8	太乙路	从西延路到环城南路与环城东路口-由南向北	231	10.00	16.77	08:00	碑林区
9	北大街	从钟楼到安远门-由南向北	231	10.00	16.80	18:00	莲湖区
10	二环南路西段	从丰登南路到二环南路东段-由西向东	229	10.00	20.31	18:00	碑林区

（3）全市100条骨干道路通行情况：

根据2022年5—10月西安市骨干路网数据筛选出全市前100条较为拥堵道路，筛选条件为：日均达到轻度拥堵及以上路段和早晚高峰达到中度拥堵及以上路段。

通过高德地图评诊治系统"交通精细诊治"下的"路段诊治"统计综合整理得出，本月全市 100 条骨干道路全天平均交通指数显示，大多数路段处于畅通和基本畅通级别，部分路段处于轻度拥堵及以上级别，见表 6-3。

全市 100 条骨干道路交通指数　　　　　　　　表 6-3

序号	责任单位	道路名称	路段及方向	全天 交通指数	全天 平均车速（km/h）	高峰 交通指数	高峰 平均车速（km/h）
1	新城区	华清东路	从华清路立交桥到东城大道，由西向东	1.87	34.58	3.67	28.62
		华清东路	从东城大道到华清路立交桥，由东向西	1.67	35.98	3.44	29.67
		环城东路北段	从太华南路到环城东路南段，由北向南	5.27	29.03	10.00	15.26
		环城东路北段	从环城东路南段到太华南路，由南向北	4.00	32.84	10.00	19.83
		环城北路东段	从太华立交桥到安远门桥东，由东向西	3.00	38.36	8.21	24.94
		西五路	从五路口交叉口到莲湖路口，由东向西	2.73	30.08	5.15	23.26
		长乐中路	从长乐西路与东二环路口到幸福中路，由西向东	1.80	35.85	2.81	31.99
		长乐西路	从东二环路到环城东路北段，由东向西	2.93	31.57	5.74	23.36
		长乐西路	从环城东路北段到东二环路，由西向东	2.60	32.03	4.54	26.05
		东大街	从东门环岛到钟楼盘道，由东向西	2.93	27.88	4.84	22.83
2	碑林区	南大街	从南门环岛到钟楼盘道，由南向北	4.66	23.08	6.32	19.71
		二环南路东段	从东二环到二环南路西段，由东向西	4.71	35.43	10.00	19.46
		二环南路东段	从二环南路西段到东二环，由西向东	3.40	41.40	5.56	32.78
		二环南路西段	从丰登南路到二环南路东段，由西向东	4.76	36.72	10.00	20.31
		二环南路西段	从二环南路东段到丰登南路，由东向西	4.10	39.84	8.58	28.22
		互助路	从互助路环岛到互助路与兴庆路口，由东向西	3.00	28.98	6.95	20.03
		友谊东路	从南稍门十字到南二环与兴庆路口，由西向东	2.47	30.30	4.72	23.89
		友谊东路	从南二环与兴庆路口到南稍门十字，由东向西	3.07	27.40	6.15	19.98
		友谊西路	从西北工业大学到南稍门，由西向东	3.20	29.18	6.29	21.38
		友谊西路	从南稍门到西北工业大学，由东向西	2.73	31.54	5.15	24.29
		含光路中段	从友谊西路到二环南路西段辅路，由北向南	3.13	28.49	6.36	20.62
		含光路北段	从环城南路西段到含光路与友谊西路口，由北向南	2.07	32.83	3.77	27.46
		咸宁西路	从太乙路辅路到东二环，由西向东	3.40	30.14	5.72	23.53
		咸宁西路	从东二环到太乙路辅路，由东向西	4.31	26.77	10.00	14.66
		太乙路	从西延路到环城南路与城东路口，由南向北	4.97	24.09	10.00	16.77
		太乙路	从环城南路与城东路口到西延路，由北向南	4.92	25.15	10.00	17.53
		太白北路	从太白南路到丰庆路与太白北路口，由南向北	4.31	27.63	8.17	20.61

续上表

序号	责任单位	道路名称	路段及方向	全天		高峰	
				交通指数	平均车速（km/h）	交通指数	平均车速（km/h）
2	碑林区	太白北路	从丰庆路与太白北路口到太白南路，由北向南	3.80	28.10	9.11	18.71
		柿园路	从互助路与兴庆路口到龙渠堡，由东向西	2.53	30.68	5.48	22.40
		环城东路南段	从环城东路北段到环城南路与环城东路口，由北向南	4.41	31.81	10.00	19.07
		环城南路	从永宁门到建国路，由西向东	3.00	36.41	8.34	23.48
		环城南路东段	从太乙路到建国路，由东向西	2.07	36.34	4.29	28.76
		环城南路东段	从建国路到太乙路，由西向东	2.60	36.22	3.69	32.39
		环城南路西段	从永宁门到丰庆路，由东向西	2.47	38.10	5.26	28.34
		长安北路	从体育场到永宁门，由南向北	3.13	30.40	4.75	25.52
		长安北路	从永宁门到体育场，由北向南	3.60	29.52	6.20	22.56
3	莲湖区	丰庆路	从环城南路到金光门，由东向西	2.93	30.46	5.41	23.34
		丰庆路	从金光门到环城南路，由西向东	2.80	31.07	5.34	23.67
		丰镐东路	从劳动路与丰镐路口到金光门桥，由东向西	2.07	33.45	4.21	26.69
		丰镐西路	从汉城南路到金光门桥，由西向东	2.07	30.62	3.79	25.49
		北关正街	从环城北路东段到未央路，由南向北	2.60	31.35	3.54	28.42
		北大街	从钟楼到安远门，由南向北	5.12	23.45	10.00	16.80
		北大街	从安远门到钟楼，由北向南	5.89	20.57	10.00	12.96
		大兴东路	从大兴西路到星火路，由西向东	2.20	30.67	4.17	24.97
		大兴东路	从星火路到大兴西路，由东向西	2.07	34.16	4.30	27.03
		大兴西路	从高架路到大兴立交，由西向东	2.93	47.93	5.16	37.65
		大庆路	从玉祥门盘道到阿房一路，由东向西	2.33	32.39	4.14	26.96
		大庆路	从阿房一路到玉祥门盘道，由西向东	2.47	31.97	4.95	24.45
		工农路	从红庙坡路到环城北路西段，由北向南	1.13	33.90	2.24	29.64
		星火路	从龙首北路西段到环城西路北段，由北向南	3.80	31.62	5.86	25.20
		星火路	从环城西路北段到龙首北路西段，由南向北	4.00	32.78	10.00	17.00
		环城西路北段	从星火路到环城西路南段，由北向南	4.15	33.70	10.00	21.29
		环城西路北段	从环城西路南段到星火路，由南向北	4.51	32.14	7.91	24.97
		环城西路南段	从环城西路北段到丰庆路与太白北路口，由北向南	7.32	22.22	10.00	12.50
		西二环路	从金光门到大兴立交，由南向北	3.27	44.51	5.23	36.11
		西二环路	从大兴立交桥到金光门，由北向南	3.27	44.68	9.05	28.28
		西关正街	从劳动路与丰镐路口到安定门（西门），由西向东	2.40	28.87	4.05	24.36

续上表

序号	责任单位	道路名称	路段及方向	全天 交通指数	全天 平均车速（km/h）	高峰 交通指数	高峰 平均车速（km/h）
3	莲湖区	西大街	从钟楼盘道到安定门（西门），由东向西	3.20	28.11	4.69	23.93
		昆明路	从沣惠路南段到石桥立交，由东向西	1.67	34.94	2.75	30.85
		昆明路	从石桥立交桥到沣惠路南段，由西向东	1.87	30.84	4.03	24.54
4	雁塔区	含光路南段	从雁南二路与含光路口到含光路环岛，由南向北	4.25	24.40	8.94	17.21
		含光路南段	从含光路环岛到雁南二路与含光路口，由北向南	3.60	26.93	5.16	22.62
		小寨东路	从小寨西路口到雁塔北路，由西向东	4.20	24.66	7.77	18.59
		长安中路	从长安北路到雁塔西路与长安口，由北向南	6.94	21.14	10.00	14.31
		长安中路	从雁塔西路与长安口到长安北路，由南向北	5.58	22.58	9.13	18.23
5	未央区	朱宏路	从龙首北路西段到尚宏路口，由南向北	1.93	47.97	4.00	38.82
		朱宏路	从机场专用高速公路辅路到龙首北路西段，由北向南	2.27	46.65	4.23	37.87
		北三环	从六村堡立交桥到朱宏路立交桥，由西向东	1.80	44.16	3.49	36.76
		北三环	从朱宏路立交桥到六村堡立交桥，由东向西	1.93	41.93	4.08	33.59
		西咸路	由西向东	1.53	41.51	2.84	35.92
		西安高架快速干道	从后卫寨立交桥到大兴西路，由西向东	2.27	55.29	5.77	37.98
		三桥新街	从枣园西路到后卫寨立交桥，由东向西	2.27	38.27	3.85	32.50
		三桥新街	从西咸大道到枣园西路，由西向东	1.73	41.01	2.83	36.13
		东二环路	从辛家庙立交桥到延兴门，由北向南	4.20	38.44	10.00	25.12
		东二环路	从延兴门到辛家庙立交桥，由南向北	4.87	36.47	10.00	25.11
		二环北路东段	从未央立交桥到辛家庙立交桥，由西向东	4.56	38.55	10.00	24.10
		二环北路东段	从辛家庙立交桥到未央立交桥，由东向西	4.56	37.94	10.00	22.48
		二环北路西段	从大兴立交桥到未央立交桥，由南向北	2.47	48.26	4.66	38.30
		二环北路西段	从未央立交桥到大兴立交桥，由北向南	2.67	46.37	8.11	29.19
		太华南路	从太华立交桥到大明宫北，由南向北	2.47	36.69	4.17	30.70
		西三环	从G70福银高速公路到亚迪路，由北向南	1.93	60.32	4.82	44.31
		文景路	从元朔大道到文景立交桥，由北向南	1.87	36.74	3.51	30.82
		未央路	从行政中心到红庙坡路，由北向南	3.07	30.91	5.63	23.46
6	灞桥区	长乐东路	从万寿路到香王立交桥，由西向东	2.33	36.12	4.64	28.16
		长乐东路	从香王立交桥到万寿路，由东向西	2.13	36.22	4.02	29.79
7	高新区	唐延南路	从丈八东路与唐延路口到锦业三路，由北向南	2.40	32.08	5.00	24.26
		唐延南路	从锦业三路到丈八东路与唐延路口，由南向北	2.73	30.88	6.32	21.51

续上表

序号	责任单位	道路名称	路段及方向	全天		高峰	
				交通指数	平均车速（km/h）	交通指数	平均车速（km/h）
7	高新区	唐延路	从丈八东路到木塔寺，由南向北	1.60	36.40	2.89	31.42
		唐延路	从木塔寺到科技一路，由南向北	2.73	32.80	6.22	22.89
		唐延路	从沣惠南路到丈八东路与唐延路口，由北向南	2.47	32.68	6.21	22.20
		唐延路	从科技三路到二环南路西段辅路，由南向北	2.33	37.47	4.91	28.53
		太白南路	从太白立交桥到西高新立交桥，由北向南	4.00	31.94	9.44	21.09
		太白南路	从西高新立交桥到太白立交桥，由南向北	3.73	33.17	7.59	23.93
		太白南路辅路	从永阳一巷到西高新立交桥，由北向南	2.47	28.43	6.38	19.15
		太白南路辅路	从西高新立交桥到永阳一巷，由南向北	2.47	29.55	5.00	22.53
8	经开区	未央路	从北关正街到吕小寨立交桥，由南向北	2.87	34.70	4.60	28.82
		未央路	从凤城十二路到行政中心，由北向南	2.27	34.02	4.63	26.46
9	曲江新区	曲江路	从曲江立交桥到太乙立交桥，由南向北	2.33	46.61	4.99	35.08
		长安南路	从雁塔西路与长安路口到航天大道，由北向南	3.53	32.08	5.57	25.69
		长安南路	从航天大道到雁塔西路与长安路口，由南向北	3.73	31.10	8.27	21.61

（4）学校周边监测：

通过高德地图评诊治系统"交通精细诊治"下的"强吸引点段诊治"统计"拥堵学校"得出，学校周边道路工作日高峰期比较拥堵，排名前十的学校周边道路高峰期交通指数均达到6以上，处于中度拥堵及以上级别，高峰期车速较低，见表6-4。

西安市工作日高峰期拥堵排名前十的学校　　　　表6-4

排名	学校名称	高峰指数	平均车速（km/h）	最堵时刻
1	西安建筑科技大学雁塔校区	10.00	12.92	18:00
2	西安电子科技大学北校区	10.00	18.66	18:00
3	西安市铁一中学	9.67	16.14	18:00
4	西安市第八十五中学	7.64	18.20	21:00
5	大雁塔小学	7.47	18.34	21:00
6	庆安小学	7.21	22.35	8:00
7	西北政法大学雁塔校区	7.17	20.78	18:00
8	西安高新第一小学（东校区）	7.06	19.50	18:00
9	楼阁台小学	7.04	14.31	19:00
10	陕西师范大学附属中学	6.69	17.85	22:00

（5）医院周边监测：

通过高德地图评诊治系统"交通精细诊治"下的"强吸引点段诊治"统计"拥堵医院"得出，医院周边道路工作日高峰期比较拥堵，医院周边道路高峰期交通指数排名前十的均达到 5 以上，处于轻度拥堵及以上级别，高峰期平均车速较低，见表 6-5。

西安市工作日高峰期拥堵排名前十的医院　　　　表 6-5

排名	医院名称	高峰指数	平均车速（km/h）	最堵时刻
1	西安市中心医院（北区）	10.00	13.85	9:00
2	西安市中心医院（西五路）	9.78	16.07	10:00
3	西安市第九医院	8.71	19.69	18:00
4	西安市红会医院	7.60	14.90	18:00
5	西安交通大学第一附属医院	7.40	16.32	9:00
6	陕西省人民医院	7.13	18.44	8:00
7	西安市儿童医院	6.20	14.75	9:00
8	西安交通大学医学院附属陕西省肿瘤医院	5.59	19.37	9:00
9	西安交通大学第二附属医院	5.50	19.56	10:00
10	西京医院	5.18	21.50	8:00

（6）拥堵路段原因分析及优化提升：

西安市上期拥堵排名前十的路段拥堵原因及优化措施见表 6-6。

拥堵路段原因分析及优化措施　　　　表 6-6

排名	名称	路段及方向	原因分析	优化措施 类型	优化措施 具体措施
1	长安中路	从长安北路到雁塔西路与长安路口，由北向南	六月份中考、高考，考生家长及学生出行集中，小寨商圈及省历史博物馆周边学校人流量巨大，造成长安中路和小寨东路拥堵	加强执法管理	（1）在长安中路重点安排部署警力，通过骨干警力疏导、铁骑巡逻、精准引导分流和实施共享辖区剩余车位及数据等措施，多措并举缓解小寨商圈周边交通压力；（2）在长安中路沿线社区及校园积极开展"七进"活动，对居民及学生进行道路安全宣讲的同时，对接送学生的家长宣传规范停车、文明出行的理念，争取打造良好的交通环境；（3）鼓励市民采取公共交通出行，减少自驾车进入小寨商圈，缓解小寨十字交通拥堵；（4）强化位于长安中路小寨十字西南角地铁口的交大一附院就医通勤车临时停靠点作用，提升就医人群的通行效率
2	北大街	从安远门到钟楼，由北向南	（1）莲湖路至西华门段，道路断面不一致，受隔离带影响，道路存在多处交通瓶颈；	加强执法管理	（1）加强违停治理巡查，进一步加大对北大街禁停路段不定时巡查，减少路侧停车等因素对道路通行带来的干扰；

续上表

排名	名称	路段及方向	原因分析	优化措施 类型	优化措施 具体措施
2	北大街	从安远门到钟楼，由北向南	（2）随着游客量不断增多，回坊、钟楼作为西安市重要景点，旅游人数增加，增大了北大街沿线的交通压力	加强执法管理	（2）对钟楼、北大街两处地铁站点周边开展综合交通整治，在高峰期安排专人进行人流疏导，并由交管、城管、工信部门联合开展站点周边违法运营车辆专项整治工作，从而进一步确保站点周边交通顺畅
3	长安中路	从雁塔西路与长安路口到长安北路，由南向北	六月份中考、高考，考生家长及学生出行集中，小寨商圈及省历史博物馆周边学校人流量巨大，造成长安中路和小寨东路拥堵	加强执法管理	（1）在长安中路沿线社区及校园积极开展"七进"活动，对居民及学生进行道路安全宣讲的同时，对接送学生的家长宣传规范停车、文明出行的理念，争取打造良好的交通环境；（2）鼓励市民采取公共交通出行，减少自驾车进入小寨商圈，缓解小寨十字交通拥堵；（3）在长安中路兴善寺东街安排固定岗，分流兴善寺东街与长安中路的车流冲突，保障主干道通行顺畅
3	长安中路	从雁塔西路与长安路口到长安北路，由南向北	六月份中考、高考，考生家长及学生出行集中，小寨商圈及省历史博物馆周边学校人流量巨大，造成长安中路和小寨东路拥堵	完善交通组织	（1）在小寨十字东北角设置外卖、电动车临时停靠点，减少非机动车道电动车随意停车现象，确保道路通畅、安全；（2）强化长安中路赛格国际购物中心门前观光车、网约车临时停靠点的利用率，满足赛格国际购物中心门前群众打车需求，减少网约车上下客停车与正常直行车辆的冲突
4	小寨东路	从雁塔北路到小寨西路口，由东向西	六月份中考、高考，考生家长及学生出行集中，小寨商圈及省历史博物馆周边学校人流量巨大，造成长安中路和小寨东路拥堵	加强执法管理	（1）在省历博十字东南西北四个角分别安排两名警力驻守，全天候加强历史博物馆十字综合治理，纠正非机动车违法行为，50m范围内实行驻点治理+宣传，50～100m实行步巡精准治理，100m以外实行铁骑摩托管控，形成"由点到线再及面"的管控体系；（2）鼓励市民采取公共交通出行，减少自驾车进入小寨商圈，缓解小寨十字拥堵
4	小寨东路	从雁塔北路到小寨西路口，由东向西	六月份中考、高考，考生家长及学生出行集中，小寨商圈及省历史博物馆周边学校人流量巨大，造成长安中路和小寨东路拥堵	完善交通组织	（1）优化小寨东路与文娱巷丁字路口的红绿灯配时，降低交叉口的交通冲突；（2）更改小寨东路红小巷的标志标线，并且新增金色护栏，保障人车分离和群众出行安全
5	东二环路	从延兴门到辛家庙立交桥，由南向北	该路段高峰期车流量较大，造成车辆拥堵	加强执法管理	将该路段纳入日常重点整治路段，加大警力整治违停现象，及时还路于民，同时安排专人在高峰期重点路口进行交通疏导，缓解拥堵
6	太乙路	从环城南路与环城东路口到西延路，由北向南	（1）太乙路与友谊东路十字四个方向车流量大，交通信号灯配时优化空间小；（2）中铁中学的学生上下学对太乙路由北向南的车流通行影响大；（3）太乙路与建设路北口车道数不足，通行效率较低；（4）太乙路与太安街丁字路口由北向南行驶的车辆经常在路口内排队，造成路口锁死	完善交通组织	（1）进一步优化太乙路与友谊东路十字路口信号灯配时，提高路口通行能力；（2）优化太乙路与建设路丁字路口交通组织，将该路口北口斑马线及停车线向南前移，利用路口内无绿化侧分带的空间增加车道，同时取消由北向南方向左转车道地面标线，设置禁止左转标志牌，减少直行与左转车辆之间的冲突，从而提高路口南北双向的通行效率

续上表

排名	名称	路段及方向	原因分析	优化措施 类型	优化措施 具体措施
7	二环南路西段	从丰登南路到二环南路东段，由西向东	（1）道路断面不统一，容易形成交通瓶颈；（2）太白立交桥、朱雀立交桥设置不合理，车道数在太白立交桥、朱雀立交桥等上桥口减少，形成合流冲突；（3）立交桥匝道汇入均未设置加速车道，不但存在安全隐患，匝道车辆汇入也会严重影响主路车辆正常通行；（4）车流量超过道路设计流量	加强执法管理	（1）加强高峰期巡查疏导，快速处置交通事故；（2）不断调整完善交通设施，已在朱雀路西下桥口及东上桥口重新设计优化交通标线，设置单侧可跨越分道线，进一步减少车辆交织冲突；（3）已优化高新十字路口交通组织，在高新十字路口设置直行待行区+左转待转区，采用"双待行"交通组织增强路口通行能力
8	环城东路北段	从太华南路到环城东路南段-由北向南	环城东路连接太华路立交桥以及长缨路，是城区由北向南行驶主要道路。周边分布着火车站、三府湾客运站等大型客流集散地，还有多彩城、贝斯特商贸、康复路等大型商贸集散中心，以及西北物流、贝斯特物流等物流集散中心。2023年以来，出行和购物的市民急剧增加，环城东路北段区域车流量随之增大，因此导致环城北路北段交通拥堵	加强执法管理	（1）发挥铁骑快速、灵活的特点，安排铁骑加强环城东路的巡查，对交通事故、车辆故障等影响车辆通行的情况及时进行处理；（2）安排整顿小组加强行人、非机动车横穿道路、闯信号灯等交通违法的整治，减少行人、非机动车交通违法对机动车的影响
				完善交通组织	常态化开展交通标志标线排查及信号灯优化提升，为车辆快速通行"争分夺秒"，确保道路畅通
9	太乙路	从西延路到环城南路与环城东路口-由南向北	（1）西延路高架桥及南二环太乙立交桥由南向北车流量超出太乙路承载能力；（2）环城东路路口及人行横道较多，对主路干扰较大；（3）沿线周边有铁路局社区、铁一中、中铁中学、铁五小、建大附小等多个大型社区和学校，停车及接送学生交通压力很大，周边违停车辆对交通通行也会造成不良影响	完善交通组织	（1）进一步优化提升信号灯设置，将信号灯进行联网控制，提高通行能力；（2）调整建设路内临近丁字路口的部分标线，规范车辆通行秩序，减少无效车流，进一步促使太乙路与建设路丁字路口通行效率再提升
10	二环南路东段	从东二环路到二环南路西段-由东向西	（1）新兴南路立交桥通车后，大量车流直接涌入二环南路，超出二环南路承载能力；（2）二环路兴庆路十字路口东西方向信号灯为轮放模式，路口空间利用率不高；（3）太乙立交桥匝道汇入车流对主干道交通流影响严重	完善交通组织	（1）进一步完善道路交通标线；（2）优化完善南二环兴庆路十字信号灯，将东西改造为多相位模式。同时，充分利用路口空间施划左转待转区，在桥下设置左转辅助信号灯；（3）交警支队已在太乙立交桥匝道口设置"拉链通行"车道，规范行车秩序，减少对东西方向主干道车流的影响；（4）已优化太乙立交桥以东由东向西导流线，规范交通流向，减少交叉冲突

3）暑期专栏

西安市暑假假期从 2023 年 7 月 5 日开始，通过高德地图评诊治系统"交通精细诊治"下的"交通运行诊治"统计，选取 7 月 5 日—25 日的数据作为放假后数据，与上期月报数据进行对比，分析暑假放假前后交通指数变化情况。暑假放假后，早、晚高峰交通指数有所下降，但是由于 6 月 27 日 16 号线一期和 2 号线二期开通运营，全天平均交通指数有所上升，如图 6-7 所示。

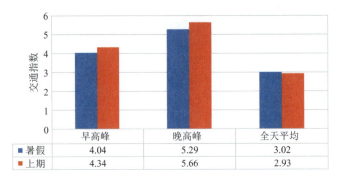

图 6-7　暑假放假前后交通指数对比图

4）特别关注

2023 年 6 月 27 日，城市轨道交通 16 号线一期和 2 号线二期开通运营。选取 6 月 27 日—7 月 25 日的数据作为开通后的数据，与上期月报数据进行对比，分析轨道交通开通前后交通指数变化情况。新线路开通后，全天平均交通指数有所上升，但是由于处于暑假期间，早、晚高峰交通指数有所下降，如图 6-8 所示。

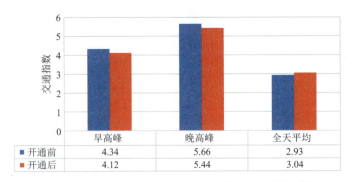

图 6-8　16 号线一期和 2 号线二期开通前后交通指数对比图

案例小结

通过高德地图评诊治系统，监测分析西安市城市交通整体状况，包括各个区域内交通指数、人口通勤分布特征以及学校和医院周边等拥堵路段交通状况，根据监测数据，向下传达任务分解清单，有针对性地研判识别区域交通存在的"拥堵成因"和"交通组织有待完善"等问题。通过积累的数据定量分析特殊日期，如暑假、重大节日等的交通运行情况，深入了解在这些特殊日期中交通运行状况的变化。为管理者强化交通治堵分析、挖掘特殊节日交通规律提供数据参考。

6.2 西安市综合交通信息服务平台

方法论

通过高德地图评诊治系统的数据与其他交通运输行业数据进行多方数据融合，打造交通行业的信息服务平台，实现实时监测和分析交通运行情况。为交通规划和管理提供可靠的数据决策支撑，以推动城市交通的优化和高效运行。

实战方案

1. 项目背景

"西安市综合交通信息服务平台"是根据市政府缓堵保畅专题会议纪要中"整合全市各类交通信息资源，建设全市交通综合信息服务平台"的要求，为有效服务政府、行业和群众而建设的。该项目目前已完成轨道交通、地面公交、出租汽车、"两客一危"、公共自行车、国省干线、高速公路及城市路网等16个领域300多亿条数据资源及16万路视频的接入，建设了集全市交通运行实时监测、行业管理、辅助决策、出行服务于一体的综合交通信息平台，实现了交通运输资源"一张图"可视化展示，并利用大数据分析技术，对行业的运行数据进行分析研判，为行业管理和决策提供真实可靠的数据支撑，为公众出行提供一体化出行服务。

项目建成后，交通运输部、陕西省交通运输厅、西安市政府等各级领导同志先后莅临指导，并给予好评。项目先后荣获"2020年数字西安建设"优秀成果奖和陕西省"十三五"交通运输科技成果展二等奖。依托西安市综合交通信息服务平台（简称"西安市TOCC平台"）所建设的"十四运省、市交通组织保障调度指挥中心信息平台"荣获"2021年数字西安建设优秀成果和最佳实践案例"。

2. 平台建设

西安市交通信息中心将高德地图评诊治系统中路段诊治（图6-9）、交通运行诊治（图6-10）的数据导入自有数据库，进行加工处理，评诊治系统的数据可以提供多细节和多维度的数据，例如天维度、月维度或者自定义时间的拥堵指数、平均速度等指标数据，以及更加详细的道路等级的拥堵指数数据，可以精确到每条道路，这些数据的加入，使得西安市综合交通信息服务平台的数据内容更加全面、准确、可靠，提升了平台的数据内容和服务质量（图6-11、图6-12）。

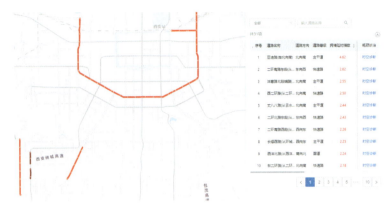

图 6-9　路段诊治图

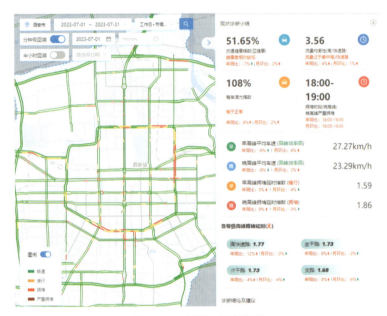

图 6-10　交通运行诊治图

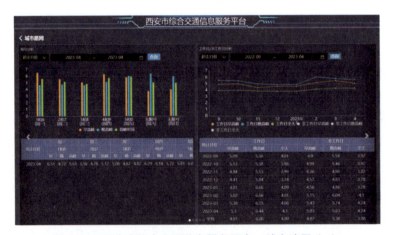

图 6-11　西安市综合交通信息服务平台：城市路网（1）

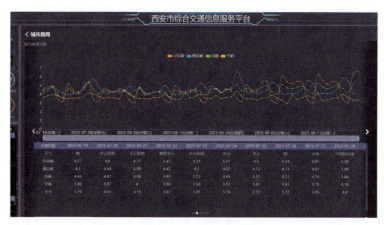

图 6-12　西安市综合交通信息服务平台：城市路网（2）

案例小结

西安市交通信息中心融合高德地图评诊治系统的数据与西安市自有平台的监测数据，建设西安市综合交通信息服务平台的城市路网板块。该板块可以实时监测西安市的交通运行情况、拥堵区域及路段等，分析城市交通拥堵规律以及限行、天气等因素对交通指数的影响等，为交通规划编制、交通管理措施制定等提供可靠的数据支撑。通过整合多方数据，该平台将为西安市城市交通的高效运行和管理提供重要的决策支持。

6.3　重大活动保障

方法论

基于高德地图评诊治系统全量 OD 的数据能力，准确地预测和分析人流和交通流的动态变化情况，通过分析历史重大活动的数据和趋势，预测可能的交通压力点和拥堵瓶颈区域，并根据数据分析和预测的结果，为管理者制定重大活动保障方案提供数据支撑。同时，结合西安市综合交通信息服务平台的实时数据，对数据进行整合，及时进行资源调配，缓解交通拥堵状况，保障重大活动期间的交通畅通。

实战方案

1. 项目背景

2023 年以来，全国经济开始持续复苏，各种重大活动纷至沓来。为了有效管理重大活动期间带来的巨大人流量和交通堵塞问题，西安市交通信息中心依托西安市 TOCC 平台的交通行业数据资源和高德地图评诊治系统的交通路况数据、全量 OD 数据，采取一系列措施。

2. 实施方案

在重大活动举办当天，西安市交通信息中心实时监测重大活动周边的路况情况，以及地铁、公交、出租汽车、网约车等运力供给情况（图6-13、图6-14）。通过视频实时查看现场的客流情况，及时获取交通运行监测情况，并定时发送交通运行快报，便于交通行业部门精准掌握现场路况、客流和运力供给情况，及时制定优化方案，进行运力调整及交通调度，以保障重大活动期间的交通运行顺畅。

图6-13 五月天2023"好好好想见到你"西安演唱会当日交通运行情况监测

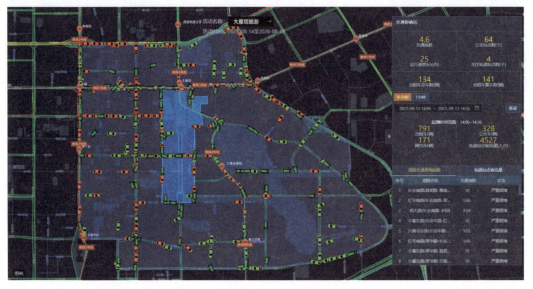

图6-14 西安市大雁塔景区路况监测

西安市交通信息中心通过这些数据能力，先后保障了第十四届全国运动会（图6-15）、TFBOYS十年之约演唱会、五月天2023"好好好想见到你"西安演唱会及西安交响乐团户外公演等重大活动交通运输服务保障工作。同时，在节假日、旅游高峰期、极端天气等重点时段，还对大唐不夜城、兵马俑、两站一场等重点区域的交通运行情况进行了实时监测。

图 6-15　西安市第十四届全国运动会省市交通组织保障调度指挥平台

案例小结

利用高德地图评诊治系统的数据资源，西安市交通信息中心能够更准确地预测和分析人流和交通流的动态变化情况，从而提前制定交通组织保障方案和做好资源调配准备，以缓解交通拥堵状况，保障重大活动期间的交通畅通。同时结合西安市综合交通信息服务平台的实时数据，西安市交通信息中心能够实时监测重大活动期间的路况、客流和运力供给情况，并及时提供数据支持，以便交通行业部门能够有效地应对交通拥堵问题，优化交通组织，以及实现快速决策与指挥调度。

参 考 文 献

[1] 中华人民共和国住房和城乡建设部. 城市综合交通体系规划标准: GB/T 51328—2018[S]. 北京: 中国建筑工业出版社, 2019.

[2] Trafficware. Synchro Studio 9 User Guide[M]. Texas State: Trafficware, 2014.

[3] 北京交通发展研究中心, 杭州市综合交通研究中心, 武汉市交通发展战略研究院, 等. 城市交通运行状况评价规范: GB/T 33171—2016[S]. 北京: 中国质检出版社, 2016.

[4] The Federal Highway Administration. Manual on Uniform Traffic Control Devices for Streets and Highways[M]. Washington D.C.: U. S. Department of Transportation, 2009.

[5] JACKSON D L, SHAW T L. The Florida reliability method in Florida' Mobility Performance Measures Program[R]. Tallahassee: Florida Department of Transportation, 2000.

[6] 济南市城市交通研究中心, 中国道路运输协会城市客运分会, 交通运输部科学研究院, 等. 城市客运术语 第 2 部分: 公共汽电车: GB/T 32852.2—2018[S]. 北京: 中国质检出版社, 2018.

[7] 交通运输部科学研究院, 济南市城市交通研究中心, 中国道路运输协会, 等. 城市客运术语 第 1 部分: 通用术语: GB/T 32852.1—2016[S]. 北京: 中国质检出版社, 2016.

[8] 交通运输部公路科学研究院, 中国道路运输协会城市客运分会, 交通运输部科学研究院, 等. 城市公共汽电车客运服务规范: GB/T 22484—2016[S]. 北京: 中国质检出版社, 2016.

[9] 中国城市规划设计研究院. 城市综合交通体系规划标准: GB/T 51328—2018[S]. 北京: 中国建筑工业出版社, 2018.

[10] 交通运输部科学研究院, 上海市城市建设设计研究院, 上海市交通港航发展研究中心, 等. 城市公共交通发展水平评价指标体系: GB/T 35654—2017[S]. 北京: 中国质检出版社, 2018.

[11] 交通运输部公路科学研究院. 道路交通标志和标线: GB 5768—2009[S]. 北京: 中国标准出版社, 2009.

[12] 公安部交通管理科学研究所. 城市道路单向交通组织原则: GA/T 486—2015[S]. 北京: 中国标准出版社, 2015.

[13] 中国城市规划设计研究院. 建设项目交通影响评价技术标准: CJJ/T 141—2010[S]. 北京: 中国建筑工业出版社, 2010.

[14] 戴帅, 刘金广, 赵琳娜, 等. 中国大城市道路交通发展研究报告[M]. 北京: 人民交通出版社股份有限公司, 2021.

[15] 中华人民共和国交通运输部. 综合客运枢纽设计规范: JT/T 1453—2023[S]. 北京: 人民交通出版社股份有限公司, 2023.

[16] 中华人民共和国交通运输部. 公共汽电车线网评价指标: JT/T 1457—2023[S]. 北京: 人民交通出版社股份有限公司, 2023.

[17] 中华人民共和国国家质量监督检验检疫总局. 道路交通信息服务: 交通状况描述: GB/T 29107—2012[S]. 北京: 中国标准出版社, 2012.